HUMANITIES AND SOCIETY

伯林谈话录

Ramin Jahanbegloo Isaiah Berlin

[伊朗]拉明·贾汉贝格鲁 [英国]以赛亚·伯林 著

杨祯钦 译

译林出版社

图书在版编目（CIP）数据

伯林谈话录 /（伊朗）拉明·贾汉贝格鲁，（英）以赛亚·伯林（Isaiah Berlin）著；杨祯钦译．—南京：译林出版社，2022.2
（人文与社会译丛 / 刘东主编）
书名原文：Conversations with Isaiah Berlin
ISBN 978-7-5447-9033-8

Ⅰ.①伯…　Ⅱ.①拉…②以…③杨…　Ⅲ.①伯林（Berlin, Isaiah 1909—1997）- 哲学思想 - 研究　Ⅳ.①B561.59

中国版本图书馆 CIP 数据核字（2022）第 002205 号

著作权合同登记号　图字：10-2021-417 号

伯林谈话录［伊朗］拉明·贾汉贝格鲁　［英国］以赛亚·伯林 / 著　杨祯钦 / 译

责任编辑　张　露
装帧设计　胡　苨
校　　对　蒋　燕
责任印制　单　莉

原文出版　Peter Halban Publishers LTD., 1992
出版发行　译林出版社
地　　址　南京市湖南路 1 号 A 楼
邮　　箱　yilin@yilin.com
网　　址　www.yilin.com
市场热线　025-86633278
排　　版　南京展望文化发展有限公司
印　　刷　江苏凤凰通达印刷有限公司
开　　本　880 毫米 × 1230 毫米　1/32
印　　张　6.375
插　　页　2
版　　次　2022 年 2 月第 1 版
印　　次　2022 年 2 月第 1 次印刷
书　　号　ISBN 978-7-5447-9033-8
定　　价　48.00 元

主编的话

刘 东

总算不负几年来的苦心——该为这套书写篇短序了。

此项翻译工程的缘起，先要追溯到自己内心的某些变化。虽说越来越惯于乡间的生活，每天只打一两通电话，但这种离群索居并不意味着我已修炼到了出家遁世的地步。毋宁说，坚守沉默少语的状态，倒是为了咬定问题不放，而且在当下的世道中，若还有哪路学说能引我出神，就不能只是玄妙得叫人着魔，还要有助于思入所属的社群。如此嘈嘈切切鼓荡难平的心气，或不免受了世事的恶刺激，不过也恰是这道底线，帮我部分摆脱了中西"精神分裂症"——至少我可以倚仗着中国文化的本根，去参验外缘的社会学说了，既然儒学作为一种本真的心向，正是要从对现世生活的终极肯定出发，把人间问题当成全部灵感的源头。

不宁惟是，这种从人文思入社会的诉求，还同国际学界的发展不期相合。擅长把捉非确定性问题的哲学，看来有点走出自我囿闭的低潮，而这又跟它把焦点对准了社会不无关系。现行通则的加速崩解和相互证伪，使得就算今后仍有普适的基准可言，也要有待于更加透辟的思力，正是在文明的此一根基处，批判的事业又有了用武之地。由此就决定了，尽管同在关注世俗的事务与规则，但跟既定框架内的策论不同，真正体现出人文关怀的社会学说，决不会是医头医脚式的小修小补，而必须以激进亢奋的姿态，去怀疑、颠覆和重估全部的价值预设。有意思的是，也许再没有哪个时代，会有这么多书生想要焕发制度智慧，这既凸显了文明的深层危机，又表达了超越的不竭潜力。

于是自然就想到翻译——把这些制度智慧引进汉语世界来。需要说明的是，尽管此类翻译向称严肃的学业，无论编者、译者还是读者，都会因其理论色彩和语言风格而备尝艰涩，但该工程却绝非寻常意义上的"纯学术"。此中辩谈的话题和学理，将会贴近我们的伦常日用，渗入我们的表象世界，改铸我们的公民文化，根本不容任何学院人垄断。同样，尽管这些选题大多分量厚重，且多为国外学府指定的必读书，也不必将其标榜为"新经典"。此类方生方成的思想实验，仍要应付尖刻的批判围攻，保持着知识创化时的紧张度，尚没有资格被当成享受保护的"老残遗产"。所以说白了：除非来此对话者早已功力尽失，这里就只有激活思想的马刺。

主持此类工程之烦难，足以让任何聪明人望而却步，大约也惟有愚钝如我者，才会在十年苦熬之余再作冯妇。然则晨钟暮鼓黄卷青灯中，毕竟尚有历代的高僧暗中相伴，他们和我声应气求，不甘心被宿命贬低为人类的亚种，遂把移译工作当成了日常功课，要以艰难的咀嚼咬穿文化的篱笆。师法着这些先烈，当初酝酿这套丛书时，我曾在哈佛费正清中心放胆讲道："在作者、编者和读者间初步形成的这种'良性循环'景象，作为整个社会多元分化进程的缩影，偏巧正跟我们的国运连在一起，如果我们至少眼下尚无理由否认，今后中国历史的主要变因之一，仍然在于大陆知识阶层的一念之中，那么我们就总还有权想象，在孔老夫子的故乡，中华民族其实就靠这么写着读着，而默默修持着自己的心念，而默默挑战着自身的极限！"惟愿认同此道者日众，则华夏一族虽历经劫难，终不致因我辈而沦为文化小国。

一九九九年六月于京郊溪翁庄

目　录

第四次对话　自由哲学

第五次对话　个人印象

序

我第一次会见以赛亚·伯林爵士是在1988年6月6日,他70岁生日那天,在他位于伦敦市中心的寓所。欧洲政治哲学的经典著作之一《自由四论》的法译本已经获得法国广大读者青睐。因此,我决定在《精神》杂志总部每周一次的文献研讨会上向我的同事介绍伯林的思想。这次研讨会的积极结果,是使我拿定主意通过一次由《精神》杂志同意发表的访谈来更深刻地展示伯林的思想。经过简短的电话交谈和迅速的信件往来,我们便决定在他寓所会见。自1976年1月一个寒冷的雨天我在伦敦佛勒书店发现《自由四论》之后,十多年来我一直对伯林爵士很敬仰,要拜会这么一位名人的念头确实使我感到有点紧张。但是,一见面他就带着友好的微笑热情地迎接我,话还没说我的紧张情绪一下子就消失了。

谈话开始时,我不仅听他说什么,也留意他的仪表怎么样。虽然我见过他许多照片,实地看到他我还是有点惊奇。他的面容乍看起来完全不像是一个出生在里加的人。他的声音听上去准确而有力,但吐词

xi 缓慢。轻重分明的牛津口音极有节奏地流贯谈话过程，使我觉得我仿佛是获准受到一位极为尊贵的英国绅士的召见。这是温文尔雅、极为谦恭的一个人，说话慢条斯理而热情厚道，毫不装腔作势。我们一起谈了两个多小时。他详细地告诉我俄国革命时期他的童年情况以及20世纪30年代他在牛津大学的情况。我很惊讶他对俄国文化有着非常亲密的感觉，毕竟他在10岁时就离开那里了。那天告别的时候我就希望能有机会再次见到他，但我不知道有一天还有可能以书本形式发表对他的访谈。

我回到巴黎以后，有位编辑跟我联系，他要求我继续这样的访问，并且写成一本书。很高兴我有机会再次见到伯林。我们是1988年12月于伦敦再次见面的。这次我有幸在几个不同的场合跟他谈话。每个场合他都热情、友好地欢迎我。我得以就他在思想史方面的研究向他提出了三百多个问题，分门别类，并逐一讨论。他要我将谈话记录整理成文，我把定稿交给了他。该书1991年在法国出版。

显然，这本书不奢望成为伯林的正式传记，但是，对于一切有待进行的伯林研究，这本书不失为一种重要的资料来源。有时候，有一种倾向，过高地估计思想史家的重要性，而对于伯林这么杰出的人物却不会是这样，他的著作改变了我们的历史观和人生观；单是他对英语世界过去50年来各种智性观点和政治观点的影响就足以使理解他的著作和
xii 分析他的思想具有重大意义。他在著作中的论述和洞见有助于我们对形成当代史的各种事件和概念树立一种富有批判性的看法。因此，不可否认，伯林的思想向我们提出了挑战。毫无疑问，一眼就看得出他是他那代人中典型的杰出牛津哲学家。他的牛津哲学背景（使他成为休谟哲学的真正崇拜者），他的思想的明亮清晰，他对晦涩术语的极端疏

远,使他成为当代英国哲学的一个真正的代表。可是,在某些方面伯林在同时代的知识分子中又是与众不同的。他的全部哲学活动可以作为一种反抗传统信念的理论战斗来审视,那种信念认为,纵贯古今人类社会的中心问题原则上都有一种而且只有一种真理性的正确回答。因此,他反对那种以为可以依据科学的、政治的甚至美学的价值在人世间创造一个乌托邦的主张。鉴于人类历史实际上是各种经常相互碰撞的价值和思想的产生地及其变化发展的实验场所这一事实,伯林追溯多元论在伦理学、政治学和美学等领域的出现。明白了这一点,人们就可以充分理解为什么 50 年来伯林选择思想史作为他的兴趣中心。在他看来,研究思想史无疑是弄清楚自孩提时代经历俄国革命以来,就深深地烦恼着他的某些严酷的难题的唯一途径。这项研究的成果便是关于民众生活和思想的措辞优美、具备了一部小说的全部文学品质的研究论文,同时也是对历史上各种观念的透彻的批判性的考察报告。伯林的作品之所以如此吸引人,是因为他的全部写作都是从非教条的观点出发,以便向读者揭示作者全神贯注的某些持久不断的哲学问题。伯林不是一个黑格尔式的(或任何其他形式的)决定论者,即使我们可以以为他是某种西方意识的现象学家。黑格尔主义把人类历史看作是绝 xiii
对精神发展的逻辑的和本体论的过程,经过先定的历史阶段,终结于现实与理性的某种调和。与这种观点不同,伯林的研究探讨了哲学家、政治家和艺术家个人责任的各个层面,这就打破了形而上学的历史必然性的枷锁。因此,伯林对那些以最终解决为目标的一般的态度和观点都不感兴趣。在他最近出版的《扭曲的人性之材》那本书中有一篇论文谈到这一点:

> ……但是，如果我说的不错，不光最终解决这个概念本身是不切实际的，而且，各种价值之间也不可避免地是相互碰撞的、不可协调的。最终解决的可能性（即使我们忘记了这个词组带有希特勒时期的恐怖感①）会制造出一种幻觉，一种非常危险的幻觉。因为，如果人们真的相信这种解决是可能的，那么，为了达到这个目标付出多少都绝不为过：为了使人类永远公正、幸福、富于创造性以及和谐协调，有什么不可以为此付出的呢？为了做成这样的蛋卷，我们可以打破无限数量的鸡蛋，这就是列宁、托洛茨基以及我们所了解的波尔布特②的信念。既然我知道通向社会问题最终解决的唯一正确道路，我也就知道人类车队必须沿着什么路线走；因为你没有我这种知识，你就不能有选择自由，哪怕是最低限度的选择自由，否则你就达不到目的地。你声明采取某种方针将使你更幸福、更自由，或将使你有自由呼吸的空间，而我知道你这样想是错误的。我知道你需要什么，人民大众需要什么。如果出现由于
> xiv 无知或恶意而酿成的反抗，那就必须镇压下去，为了大多数人永远幸福，消灭成千上万人也许是必要的。除了心甘情愿地将他们全都牺牲掉，我们，明白此中道理的我们，又有什么选择？

人们了解了伯林的哲学背景就会更好地懂得为什么他劝告我们读赫尔岑的《往事与随想》。在赫尔岑和伯林的思想中，“选择”这个概念都处于关键地位。伯林批判柏拉图关于美好生活的理想，认为它是西

① 最终解决（final solution）也被纳粹德国用来指代彻底灭绝犹太种族的计划。——编注

② 波尔布特（1925—1998），柬埔寨政治领袖，其领导的红色高棉运动于1975年推翻了柬政府。——编注

方思想传统中一元论的主要特征。这时他与声称“生活的最终目标是生活本身”“该是认清自然界和人类历史都充满着偶发的和无意义的事件、充满着愚蠢和糊弄行为的时候了”的赫尔岑何其相似。因此,伯林笔下的主人公总是那些拒绝把世界看作单纯的、合理的、和谐的整体。主要由于这个原因,虽然伯林接近于以法国哲人(Philosophes)为代表的18世纪欧洲的思想“潮流”,但绝不会妨碍他去弄清楚那些反对这一“潮流”的思想家的生活和思想。在思想史的工作中,伯林研究了那些勇敢地、公开地跟占统治地位的理性体系做斗争的思想家,赞赏他们的观点和立场。他特别重视这些思想家的自由思想。正是对这种普遍存在的自由思想的肯定和褒赏,显示了他的思想史研究具有重要意义。通过他的研究工作,伯林向我们宣示,在人类历史上没有绝对的价值,而且,人类历史与众多悲剧性后果相伴,充满着那些企图通过坚信最终绝对真理而避免做出悲剧性选择的人们的困苦。

拉明·贾汉贝格鲁

1991年7月于巴黎　xv

第一次对话

从波罗的海到泰晤士河

两次俄国革命

贾汉贝格鲁(以下简称贾):首先,我要感谢您接受这次采访。如果可能,我想向您提出一些传记性的问题,也就是关于您以往的种种经历和它们如何影响了您的思想,以此作为我们讨论的开端。

您于 1909 年 6 月 6 日生于里加,10 岁时便随双亲离开俄国。关于这个时期您还有些记忆吧,尤其是移民的情况怎么样?

伯林(以下简称伯):我于 1915 年随父母离开里加前往彼得格勒①,我们是 1919 年离开彼得格勒的。在那里,8 岁那年,我目睹了俄国的两次革命。头一次革命我记得很清楚。到处是集会、旗帜,街道上拥挤着人群,人们激动万分,广告上画着李沃夫新政府部长们的头像②,立宪会议的二十多个党派在做宣传。人们关于战争的议论倒不太多,至少在我们家生活的小圈子里很少谈论。自由党人的革命主要得到犹太 3
人和资产阶级自由派的欢迎,而这种状况持续不久。布尔什维克的革命在 11 月爆发,我们——我全家和我家的朋友们——几乎都不知道。第一个信号是发生了反对布尔什维克夺取政权的总罢工。各种各样的报纸消失了。我记得有一家自由党人的报纸名字叫作《白天》,后来改名为《傍晚》,又改为《夜》,再改为《子夜》,最后改为《黑夜》,再过四五天吧,它终于被查封了。那时,隐隐约约听见远处有枪声。我们这个圈子里的人都以为暴动最多能持续两三个星期。如果您翻阅那些口了的《泰晤士报》,会读到俄国驻巴黎大使写的报告,他预言暴动(putsch)会很快结束。在《泰晤士报》上,布尔什维克被称为"最高纲领派",不算

① 即圣彼得堡。该城为彼得大帝于 1703 年所建,1914 年改称彼得格勒,1924 年又改称列宁格勒,1991 年复称圣彼得堡。

② 李沃夫亲王的临时政府是短命的(1917 年 3 月 14 日—7 月 25 日)。继他之后的克伦斯基于 5 月 5 日便夺取了全部政权。

是主要的力量。列宁和托洛茨基逐渐作为革命领袖人物崭露头角。我父母属资产阶级自由派,他们以为列宁要创造一个让资产阶级不能生存的社会。他们把列宁看作一个危险的狂人,但又是一个纯粹的信徒,正直而清廉,在政治上热烈追求某种理想的罗伯斯庇尔式的人物,而把托洛茨基看作一个邪恶的机会主义者。只有八岁大的我不明白父母为什么对这两个人有如此不同的感觉。当时,"列宁和托洛茨基",这两个名字连在一块,人们常常一口气说着,好像一个公司的名称那样。现在想来,当时仍旧忠于沙皇政府的人就只有警察了。关于这一点我觉得在文学作品中反映得不够。人们管街道上的警察叫"法老"——民众的压迫者。有些警察在顶楼或房顶上向革命者射击。我记得看见一个警察被暴民拖着,脸色苍白,挣扎着,显然快死了。那是我永远忘不了的
4 可怕的一幕,给我一种终生不灭的对肉体施暴的恐怖感。

贾:您在革命后离开俄国有没有麻烦?

伯:没有。我家是从里加来的,里加当时已经成了一个独立国家的首都①。如果你能证明你是拉脱维亚人,他们便让你走。我们离开俄国到达拉脱维亚。我父亲是一个木材商人,给俄国铁路供应枕木。他继续为新的苏维埃俄国政府工作了两年,最后显然是没法再做下去了。我们从未受过触动,不论是我父亲还是哪一个亲人都没有被捕或受到任何形式的骚扰。我记得人们排成长队购买面包和其他生活必需品。我站在长长的队伍里等四五个小时才能买到东西。我们家邻近有个救济贫民的施粥所,那里有些食品供应。还有个小电影院,放映有关19世纪沙皇政府迫害革命者的社会主义影片(当时还没有共产主义的影片),一些憔悴的歌手演唱莫扎特和罗西尼的选段。那都是当时我作为一个小孩子所特有的记忆。我们全家挤住在一个小房间里,因为只有

① 拉脱维亚在1918年11月宣布独立,1920年8月11日苏联承认其独立(《里加条约》)。

一个火炉。但是我不害怕,我没有压抑感——也许因为我太小而不理解当时发生的事情,我父母也很少跟我说。

贾: 你们怎么来到英国的?

伯: 我们先来到英格兰乡下,然后才搬到伦敦。开头,我上伦敦郊区一所预备学校,那时我很少说英语,我父母互相之间都说英语。从那
以后我们很少看见俄国人。我父母不怀念里加,不怀念俄国。我父亲 5
是一个狂热的崇英派的人,而我是在英国人不会干坏事这样的信念中成长的。我还没丢俄语,我想主要是阅读俄国的古典名著的缘故。结果我的俄语说得很流利,我每次访问苏联都被看作老乡亲。在我们学校有个男同学是俄国人,名字叫比利宾。他父亲是一个著名的俄国画家。他的儿子至今仍然是一个虔诚的俄国保皇派。我偶尔跟他说说俄语,此外就极少碰上说俄语的人了,我的俄语水平主要归功于阅读以及在儿童时期扎下的根基。

20 世纪 30 年代的牛津

贾: 后来您获得奖学金读牛津大学。您能否告诉我当时牛津的主要思想潮流是什么?

伯: 我不大清楚你说的思想潮流指什么。我认为,人们难以识别这种思潮——实际上它是同其他思想交相混杂而成的生活哲学和支配性的观念,就像发生在欧洲大陆的情况那样,当然发生在革命前的俄国大学的情况也是那样。我觉得,animateurs des idées[思想鼓动家]不是一种典型的英国现象。我可能不对,只是在牛津我没有碰到过。那是些对一般观念着迷的知识分子,或者是那些既有追随者又有论敌的政治、社会或美学观点的热烈鼓吹者。我离开大学之后倒遇见过这样的人。

贾: 一个也没有接触过?

伯: 当然不能这样说,我也许有点夸张了。那样的知识分子是有

的。在20世纪30年代我当学生的年头，有社会主义者、自由党人和保
6 守党人；巴里奥尔学院的院长A. D. 林赛就是一个著名的基督教社会主义者；有对本科生颇有影响的道格拉斯·科尔；还有A. L. 罗斯（当时他是社会主义者），以及稍后的理查德·克罗斯曼、A. J. P. 泰勒和帕特里克·戈登·沃尔克。但是，很难说他们形成了一股强大的思想潮流。当时，有年轻的诗人，他们写了大量的作品。我编辑过一份知识分子期刊，叫《牛津观察》，这份杂志两年多前是诗人W. 奥登编辑的。我们都读奥登、斯彭德、戴·刘易斯和麦克尼斯的作品。我跟斯彭德是同代人，他是我最要好的朋友之一，我终生都了解他。还在牛津读书的时候他就写出很漂亮的诗篇。我读书时的本科生大多数是不问政治的。当然，后来有激进分子和共产主义者，像我的朋友N. O. 布朗和菲利普·汤因比等人。但是，不像你们战后的巴黎，那里有一个梅洛-庞蒂或一个萨特。我们都抱着自由主义的态度。我们都恨墨索里尼、佛朗哥，有些人还恨斯大林，当然全都恨希特勒和那时在东南欧出现的较小的独裁者。在我读书的年代你们法国的情况怎么样？巴布斯、罗曼·罗兰和纪德在政治上有没有影响？我不愿给人一种错觉，以为我当学生时或战前开始教书的那些年头我们在政治上是消极的。我和我的朋友都是反对法西斯的，为了支持西班牙人民阵线的政府曾经整装待发。但是，除了对自由运动和进步力量总的支持外，我没有声明其他的政治观点。那时牛津有个工党俱乐部，我跟其他朋友有时也光顾一下。在30年代中期，道格拉斯·科尔组织过每星期一次的午餐会，参加的人我记得有克罗斯曼、戈登·沃尔克、帕克南、罗斯，有哲学家A. J. 艾耶尔、J. L. 奥斯汀、斯图亚特·汉普希尔，有杰出的罗马史家雨果·琼斯，有克里斯托弗·希尔（那时我不知道他是个共产主义者，虽然我不认为他有意隐瞒了这点），有著名的经济学家詹姆斯·米德。米德是我认识的
7 最纯粹的自由派，很高兴他跟我们过从甚密，而且他跟我年龄相仿。我总想，如果出现一场危机，出现一场我不太清楚该怎么办的革命，如果

我跟随他的话，应该避免干任何卑劣或肮脏的勾当，这样即便政治上不安全，在道德上无疑却是安全的。

贾：那时候在法国柏格森哲学有广泛影响。

伯：英国没有像法国的柏格森或意大利的克罗齐那样对公众生活施加普遍影响的哲学家，也没有吸引时髦女郎来听自己讲演的哲学家。我听说在巴黎有些富婆的仆人经常去柏格森做讲演的大厅。他们提前一个小时到达，听某个——比如说——亚述考古学教授的报告，这位报告人及其他人发现整个大厅塞满了怪模怪样的不像知识分子的人。报告一结束，这些听众马上赶紧为他们的女主人抢占位置，许多雍容华贵的贵妇就这样拥挤着听柏格森教授做讲演。在英国，自卡莱尔以后没有这样的现象。

贾：那时候在牛津大学没有很多政治活动吗？

伯：政治活动无疑是有的，有一个社会主义者俱乐部和一个共产主义者俱乐部；对政治的兴趣代替了对审美价值的专门研究。我要说，在牛津，这个转折点是 1931 年的金融危机。那场危机给 20 年代在社会上影响甚大的牛津大学的唯美主义以沉重的打击。哈罗德·阿克顿、西 8
利尔·康纳利、伊夫林·沃和布莱恩·霍华德就是典型的“唯美主义者”，人们就是这样称呼他们的。的确有让·法亚尔先生写的一部关于这个主题的法文著作，书名叫《玛格丽特和牛津》（*Margaret et Oxford*），我敢说现在读的人不多。这些唯美主义者大多数都消失在历史的长河里了。藐视学术传统和巴望在学术圈外流行需要一定程度的财政保证，也就是需要家庭或保护人的支持。1931 年的危机狠狠地打击了富人，这种支持就靠不住了。在这之后，唯美主义衰退，左翼政治出台。左翼政治也不像在巴黎或希特勒之前在魏玛共和国出现的那类骚动。《时代精神》杂志跟我有相同的看法。我写了一本论卡尔·马克思的书。我很惊讶，这书现在还买得到。

贾：您在牛津时的政治经历和哲学经历是不是深刻地影响了您以

后对思想史的兴趣？

伯：不完全是这样。首先，我不可避免地受苏联存在的影响……尽管我父母没有受过苏维埃政权的迫害，来英国也不是被驱逐的。我毕竟有着关于苏维埃政权的不愉快的记忆：我认识的一两个人早在1918年被枪杀了，不是因为政治上的缘故。对此没有来自任何渠道的解释。发生过许多强制执行的处决——非常可怕，虽还不像后来斯大林统治时期出现的那种恐怖，但毕竟有许许多多人被处死了，其理由从未公之于众，除非使用一般性的术语——“苏联的敌人”“投机分子”“反革命
9 分子”“资产阶级的支持者”，诸如此类。

卡尔·马克思：我的第一次接受委托

贾：您的家庭成员有人被处决吗？

伯：没有。我的亲属谁也没被处决，甚至没有被逮捕。正如我已说过的，我们家没有受到触动，恐怖事件发生在我们周围而不是发生在我们家里。在夏天我们还像往常那样去度假。我们没有挨过饿，我们有足够的食物和燃料度日子。的确我没有恐怖感，但我——即使还是个孩子——却有一种模糊的社会要倒塌的感觉，而不是另一种新的社会要诞生的感觉。我父母也仅仅是从二月革命到1917年10月之间还过得不错，那时不实行审查制度，有各种各样的报纸，有各种各样的集会，还有小礼拜堂，以及普遍令人开心的事情。到1919年，这一切全都改变了。我觉得我家大人们懂得了政治观点对人类历史关系甚大。也许那些在苏维埃时期上学的人对此比我感受更多，而我是在家中受教育的。由于各种政治思想的流行，在我人生的这个相当早的阶段，自由、平等、自由主义、社会主义就开始对我产生了某种影响。而这些在我一些中学或大学同学看来并没什么重要的。那些唯美主义者——西利尔·康纳利、伯纳德·斯宾塞、刘易斯·麦克尼斯等人，我想他们当学

生时不会从这些角度想问题，在他们后来的人生阶段我想也不会。当然，奥登、斯彭德和刘易斯这么做了。

是另外发生的一件事影响了我。H. A. L. 费希尔先生，著名历史学家，牛津一所学院的院长，也是“荷姆大学文库”——一套面向普通读者的通俗丛书——的主编。1933 年，费希尔先生约请我为这套丛书写一本关于卡尔·马克思的书。对于这个提议我非常惊讶，因为我从未表示过对这个题目有兴趣，虽然我对一般思想和哲学思想都一样有兴趣。1933 年的时候，即使我喜欢跟人们谈论社会的、政治的、文学的和艺术 10
的观点，而我对卡尔·马克思则没有特别的兴趣。这本书一开始是请哈罗德·拉斯基写的，他回绝了。后来，又请弗兰克·帕克南——现在的朗福特勋爵——来写，他也拒绝了。后来，又请理查德·克罗斯曼，也许还有其他人，他们都拒绝了。最后费希尔先生才叫我写。我想，好吧，反正马克思主义的重要性和影响越来越大，而不是越来越小。马克思的著作我读过一些，但读的不多。在大学第四学年为了考试我读过《资本论》，那是作为读亚当·斯密和李嘉图著作的补充，我发现这本书挺难读。但是我还是想了解马克思究竟说了些什么，为什么他的追随者在各地都与日俱增。我想，如果不是写马克思，我决不会读他的书，因为当我读《资本论》的时候，经常地，特别在开始时，觉得不堪卒读（正如凯恩斯的感觉，但是也许原因不同）。就这样，我强迫自己读了不少马克思的著作。我的德文不太差，我读的马克思著作部分是德文，部分是英文，部分是俄文，因为马克思和恩格斯著作的权威版本在 1933 年被希特勒查禁了，但继续在莫斯科问世，以俄文出版。

贾：我想是巴枯宁首先把《资本论》翻译成俄文的。

伯：是的，开头是他翻译，但没译完。关于这件事有过令人难以置信的争吵。马克思开头怀疑巴枯宁翻译《资本论》别有用心。《资本论》（当然指第 1 卷）的俄文全译本是基辅大学一位经济学教授完成的。沙俄的审查机关通过了，因为审查官以为这么荒谬的书没有人会读。

11 **贾：**在这之前您已经读过列宁和托洛茨基的著作了吧？

伯：以前没读过，后来，当我开始研究马克思和马克思主义的时候才读的。起先，我读马克思的前辈，也就是百科全书派的著作。我读爱尔维修、霍尔巴赫和狄德罗的书，而我对卢梭早已有相当了解。随后，我读所谓空想社会主义者圣西门、傅立叶和欧文的书，我被他们的学说和议论强烈地吸引住。我还浏览洛贝尔图斯、路易·布朗和赫斯的著作。在这之后，我开始读普列汉诺夫①。普列汉诺夫的确是一位富有才华的马克思主义著作家。我完全被他的书迷住了，因为他学识渊博，说理精辟，行文机智，情趣横生，极富吸引力。读他的书才使我有兴趣读论述马克思主义的书，这恐怕比读马克思本人那些大部头著作还要多。恩格斯的著作我也读。他的书比马克思的浅显，也清楚明白得多。但我还是最喜欢读普列汉诺夫的书。他这个人，你知道，是真正的俄国马克思主义之父。他对列宁很有影响，后来两人发生激烈的冲突。我阅读这些马克思主义著作家的书，然后就此开始讲课。就这样我开始了思想史这个方面的研究，其实这个研究与我跟学生讲的东西毫无关系。在牛津好像没人对18世纪法国的革命思想有多少兴趣，由于我讲这些内容人们才开始有兴趣。我是了不起的伦敦图书馆（私人收藏）的一名成员，在馆里我找到大量的俄国书籍，那是一个老馆员、一个斯拉夫语学者仔细收集的。其中我看到一本书是亚历山大·赫尔岑写的。这个名字以前我仅仅模糊地听说过。在书里我还了解了他所认识的屠格涅
12 夫和巴枯宁。从此以后赫尔岑成了我人生的楷模。他是一个非常杰出的作家，一个敏锐的正直的政治思想家，非常有独创性。他的自传大概是我一生中读过的最精彩的自传，比卢梭的自传还要好。正是赫尔岑

① 普列汉诺夫（1856—1918）青年时代属民粹主义者的中间派。他最著名的著作是《论一元论历史观的发展》（1895）和《俄国社会思想史》。他跟列宁一起于1900年在日内瓦创办《火星》杂志。1917年二月革命后普列汉诺夫回到俄国，反对布尔什维克夺取政权。

使我爱上了社会思想史和政治思想史。这就是我研究思想史的真正的开端。

维也纳小组

贾：您对那时候您的同事在逻辑实证主义方面从事的哲学活动抱什么态度?

伯：在牛津大学除了弗雷迪·艾耶尔之外没有严格的逻辑实证主义者。他开始研究实证主义,并去了维也纳,参加维也纳学派的讨论会和讲演,于1936年出版了名著《语言、真理和逻辑》,那是逻辑实证主义运动的一个宣言。这书是用漂亮的英文写的,条理清楚,分析透彻,即使不是专业的哲学家也很爱读。战前在牛津占统治地位的哲学是一种哲学实在论,它主要反对黑格尔和唯心主义。洛克、贝克莱、休谟和康德都被批判性地研究。柏拉图和亚里士多德当然也被修希腊哲学的人研究,也许影响不大。20世纪30年代英国哲学界被逻辑实证主义统治这种看法其实不准确。是的,逻辑实证主义的团体在伦敦和别的地方开过会,但这种哲学是到后来才起主导作用的。我想,这种看法主要因为有艾耶尔的《语言、真理和逻辑》。也许,我在牛津的这位同学和朋友认为,因为他一心一意在研究逻辑实证主义,而且,他又是逻辑实证主义在英国的第一位和最有力的倡导者,因此逻辑实证主义在英国哲学界普遍地占了统治地位是顺理成章的事情,但实际上没有那么普遍。当然,逻辑实证主义的影响是很大的。逻辑实证主义的真正发祥地是 13
维也纳。在剑桥大学有修正主义的逻辑实证主义者,如维特根斯坦,还有弗兰克·拉姆塞、布赖斯韦特和他们的信徒。罗素和摩尔两人的早期著作的影响不能忽视。在牛津,即使到战后,逻辑实证主义也必须跟一种所谓牛津哲学做斗争。这种牛津哲学跟语言分析相结合,是一种普通的非教条化的经验主义。这种哲学有时又叫作激进经验主义或语言分析。它是老的英国哲学传统的一部分,渊源于洛克、休谟、密尔、摩尔和罗素。罗素不是一个逻辑实证主义者,虽然逻辑实证主义的兴起部分地也归因于他的开创性著作。

贾: 我说逻辑实证主义,是因为您也写过关于逻辑实证主义的书,对吧?

伯: 当然,写过,因为我对它有某种兴趣。但是,我认为,逻辑实证主义者在主要方面是错误的,他们有些人非常狂热。

贾: 现在您还这样认为?

伯: 是的。但是,你知道,我认为现在已经没有真正的逻辑实证主义者留下来了。我说过他们起过重大作用。石里克、卡尔纳普和魏斯曼对于赖尔、威兹德姆这样的英国一流哲学家和哈佛的奎因以及这些人的学生,都有影响。

贾: 奎因好像在美国很有影响,对吗?

伯: 对。不过,我猜想,现在美国最有势力的哲学家是唐纳德·戴
14 维森和(在一定程度上)较年轻的索尔·克里普克。

阿赫马托娃和帕斯捷尔纳克

贾: 在第二次世界大战期间您在英国驻华盛顿和驻莫斯科的外交机构工作。从牛津的学院生活到身处世界战争的恐怖氛围之中,这一转变您感到很困难吗?

伯: 在华盛顿没有什么恐怖的。那种舒适和安逸令我感到羞愧。我是英国庞大的官方机构的成员之一,当我们的同胞和欧洲及其他地方的人在遭受可怕灾难的时候,我和我的一些同事确实为我们的安逸而感到羞愧。

贾: 在莫斯科情况怎么样?

伯: 当然,这次变动比较突然。1941 年我作为英国一个宣传人员

开始在纽约工作,随后到华盛顿的英国驻美使馆当报道美国舆论的通讯员。这样的工作跟我以前所干的完全不同。它不太严格。据我的体验,在大使馆一周的工作还比不上在牛津大学一天的教学那么紧张,也很少趣味,更谈不上耗费精力。我愿搞哲学而不愿在大使馆工作。1945 年,波茨坦协定以后,我从华盛顿去了莫斯科。9 月中旬到莫斯科,1946 年 1 月离开。在苏联期间,我被告知只能接触透露不出任何消息的苏联官员,此外不能会见任何我感兴趣的当地人。但是,实际上我会见了作家,特别是帕斯捷尔纳克和阿赫马托娃,两位都是天才的诗人,还见了不少其他的作家。我每周拜访帕斯捷尔纳克一次——那是些独特而美好的经历。我只见过阿赫马托娃两次,但这给我留下了也许是终生最难忘的印象之一。我在出版的随笔集《个人印象》中尽可能详细地描述过会见他们两人的情况,所以现在我不准备继续谈他们 15
了[①]。有些俄国作家表现得很英勇,在道德上给人以深刻的印象,尽管他们的生活和工作条件令人难以容忍且极其糟糕。没有在斯大林时代生活过的俄国人,是无法想象那种让人难以忍受的状况的。

贾:您跟斯大林的秘密警察有没有麻烦?

伯:当然有麻烦。我对熟人的访问不会给他们带去任何好运。我想,阿赫马托娃所受的迫害没有因我的拜访而减轻。她告诉我,斯大林听说我会见了她而大发雷霆,说:“我知道,我们的修女(他这样称呼她)接见了外国间谍。”所有外国使馆人员在斯大林及其左右的眼中当然都是间谍。事实上,1917 年以后阿赫马托娃就不能正式会见任何外国人——除了一个波兰人,那不算数。在我拜访她之前,来自西方的客人一个也没有。当然我的拜访感动了她。她很少知道外面世界的事情,而我能跟她谈很多东西,回答她提出的很多问题。在斯大林统治的

① 在阿赫马托娃非常优美的《没有主人公的诗》中,伯林被称为“未来的客人”。

年代,她的作品不允许大量发表①。她是一位伟大的诗人,即使只作为一个人,她也是充满创造力的。认识她是我一种特殊的荣幸,也是我一生中最动人的经历。

贾: 事隔多年之后您觉得苏联怎么样?

伯: 我住在属于英国使馆的大楼里。那时候在莫斯科的外国使馆好像动物园中圈养各种动物的囚笼,各使馆之间可以相互通信,但不能
16 到篱笆外面去。来自东欧国家(至少有些国家)的代表也许不同。1945年对我来说运气还算不错,因为在波茨坦协定之后人们不大介意谁是敌人谁是朋友,原有的一切界限都有点模糊了。当时俄国知识分子生活在一种虚假的乐园中,因为较之斯大林去世以后的年代,他们在1945年秋天可以更容易地会见外国人。这种情形看似悖谬:到1947年和1948年,苏联关上了向外部世界敞开的大门,而在1945年却发生了许多令人激动的事情。俄国人从德国凯旋,带回许多西方的见闻。他们在西方见到的人跟自己几十年来所听说的大不相同。俄国是一座监狱,而这时似乎有了新的希望。对于生活在那个时代的人所感受的这种虚假的曙光,《日瓦戈医生》的最后一章有些描述。

贾: 1946年1月以后您还回过苏联吗?

伯: 回过。1956年我回去,作为两个大使(他们都是我的朋友)的客人,在那边待了一段时间。我又见了帕斯捷尔纳克。但那时苏联人跟外国人谈话已经不安全了。实际上在1945年这种不安全就已存在,只是当时他们中有些人意识不到这一点而已。

贾: 那时候帕斯捷尔纳克非常孤立,是不是?

伯: 你可以去见帕斯捷尔纳克,因为那是在他蒙受耻辱之前,即《日瓦戈医生》出版和获得诺贝尔奖之前。这次会见,他把《日瓦戈医

---

① 1948年阿赫马托娃被苏联官方的理论家日丹诺夫粗暴地形容为"一半是修女,一半是妓女"。她于1966年死于莫斯科,享年77岁。

生》打字稿的第二个复印本送给了我。第一个复印本已经交给意大利的出版商弗尔特里内利。我花了一个晚上把它读完,写得妙极了。后来,我复印了一本送给住在牛津的帕斯捷尔纳克的两个妹妹。

贾：您觉得帕斯捷尔纳克是一位伟大的诗人还是一位伟大的小 17
说家?

伯：他当然是一位伟大的诗人。这么说吧,诗人可以有两种类型。第一种诗人,写诗时是诗人,而写散文时是作家,像普希金。第二种诗人,写诗时是诗人,而写散文时也是诗人。帕斯捷尔纳克就属于第二种类型的诗人。他的散文总是诗化的散文,我看他本质上不是一个散文作家。他是晚近俄罗斯伟大的诗人之一,他的小说是伟大的诗化小说。尽管他置身于那个虚浮造作的时代的中心,却能诚实地描写爱——男主人公对女主人公的爱,极少有作家能够做到这一点。正是他的诗使他赢得俄国人和阅读俄文作品的外国人的广泛钦佩。实际上,只有约瑟夫·布罗茨基的成就可与他相媲美。阿赫马托娃和曼德尔施塔姆都差得远。依我看(不只是我一个人的看法),帕斯捷尔纳克在各方面都堪称是活着的最优秀的俄国诗人。但是,并非所有天才都表里如一,帕斯捷尔纳克也同样如此。他谈起话来稀奇古怪,经常让听者捉摸不透,但总让你感到才气逼人。再也没有比听他谈话更迷人的事了。据我的体会,只有弗吉尼亚·伍尔夫谈到某些东西时像他那样迷人。当然弗吉尼亚·伍尔夫有点狂妄。

贾：什么东西这么迷人?

伯：形象、笑容、对事物的描述、惊人的创造性、令人难忘的充满活力的语言。帕斯捷尔纳克和伍尔夫女士两人的这些特点,要求你在听他们的谈话时,必须保持头脑敏捷、反应迅速,否则你就跟不上。阿赫马托娃的魅力同他们有所不同,但同样有巨大吸引力。

贾：马雅可夫斯基和叶赛宁怎么样?

伯：我跟他们没有见过面。 18

贾： 您读他们的诗时印象怎样？

伯： 马雅可夫斯基也是个很有才华的人。他是一个重要的诗人，因为他改变了俄文诗的创作方式。他是那类居支配地位的诗歌的开路者。但是，我认为马雅可夫斯基还称不上是一位真正的大诗人，而很多评论家不同意我的看法。有些人不一定是大诗人但却是重要的鼓动者，像切实地改变了英语诗歌写法的埃兹拉·庞德。尽管对庞德是不是大诗人同样也有争论，但关于他对诗歌的冲击是没有疑问的。这，无疑也是一种艺术的才华。马雅可夫斯基就是如此。他是一个大胆的革新者，一个惊人的雄辩家，一个真正的革命者，但是，他的诗作我看比不上帕斯捷尔纳克、曼德尔施塔姆和阿赫马托娃。

奥斯维辛的发现

贾： 作为一个犹太人，您对第二次世界大战有什么样的感受？

伯： 我认为，我的反应与那些在德国人和意大利人控制区之外的大多数犹太人的反应没什么不同。我所感受到的恐怖是骇人听闻且没完没了的，而其他人想必也有同感。在这个问题上我得承认自己心中有愧。大战一开始我就想过，希特勒会给犹太人施加可怕的灾难——显然，他是个穷凶极恶的魔鬼。我们知道，自1933年以后，犹太人就被关
19 押在集中营里，有些人被杀掉了。这在西方没有被充分地报道。一些国家竭力控制难民入境是可耻的——在这方面，法国的表现跟（比如）美国相比要得体些。在希特勒入侵波兰之后，我在想，犹太人将要面临可怕的厄运了：他们会被逮捕、迫害、折磨，也许会被杀。而实际情形怎么样，我们都不知道。在华沙犹太人居住区事件发生之前，没有更坏的消息传来。我们仅仅是在想象会发生令人震惊的恐怖事件。1944年前，我对于那种系统性的灭绝，对毒气室一无所知。在英国或美国，没人告诉我；我也从来没读到过有关的材料，也许当时报纸在不显眼的地

方登载过有关文章或消息，而我却没注意。这当然是我自己的疏忽。但它使我感到愧疚。最早传来这方面的恐怖消息，是有人逃到瑞士之后捅出来的。有人把这些消息告诉给在纽约的一个犹太教拉比，他又跑去告诉了罗斯福总统，但美国政府什么事情也没做，什么消息也没公布，反正我们仍旧是什么也不知道。我妻子的娘家是法国犹太人，我想他们会知道一些 1942 年和 1943 年的屠杀。当然他们不太相信，事实上当时极少人相信，居然会发生这样的事情，许多人以为是言过其实而不予重视。对我来说，至少在 1944 年底之前从未听说过这些屠杀。虽然在 1943 年和 1944 年我就预感到，纳粹要打赢这场大战是假，消灭犹太人是真：甚至在 1945 年德国人显然就要失败了，他们对犹太人的屠杀还在按部就班地进行着。但是，正如我说过的，我得知这些惨绝人寰的大屠杀实在是太晚了。让我深感困惑的是为什么没人告诉我——尽管有时我还会碰到一些显要的美国犹太人，也许大使馆的生活被保护过度了。现在我仍然对此感到有些愧疚，尽管那并不真正是我自己的过失。

贾：您的家族有人被纳粹杀害吗？ 20

伯：有。我的祖父和外祖父、一个叔叔、一个婶婶、三个侄儿，1941 年在里加被杀害了。

贾：当您知道纳粹对犹太人的灭绝政策时您的反应怎么样？我问这个问题是因为没有看到您就此发表过文章。

伯：我的感受跟大家完全相同。我认为，那是犹太人所遭受的最深重的一场灾难，比犹太教第二圣殿遭受破坏还要深重。对这样严酷的恐怖，还能说什么呢？我不改初衷：犹太人在二战中的命运历史地证明了黑格尔等人的预言是不切实际的，民族同化没有希望。德国犹太人德国化的程度很深，甚至可以说，德国犹太人（也许有些现在还是如此）比德意志人曾经更是德国人。法国犹太人的情况与之十分相似。可是，事实上，犹太人还是犹太人，德意志人还是德意志人，法兰西人也还是法兰西人,哪里有什么民族同化?在东欧或北非早就发生过大屠杀,那是1939年之前很久的事了。我确信德国犹太人不会接受民族同化这个事实,但这并不妨碍他们对德国的根深蒂固的热爱。我可以告诉你一件很有代表性的事情:1946年我在伦敦碰到一个德国犹太人,他告诉我,他于1933年离开德国,然后去了瑞士并生活在那里。他是一个很活跃的人,对文学和戏剧很感兴趣。我问他为什么不去巴黎,巴黎应该更适合他。他说:"我从未想去生活在一个属于我们敌人的国家。"你不能否认,说这句话的人(在主观上)是一个典型的德国人。我无意就此作普遍化,毕竟有许多德国犹太人去了巴黎,后来时间一到就在德国的集中营里被杀害了。

21 **贾:**沃尔特·本雅明就是其中一个吧。

伯:他是在西班牙边境自杀的。其他人从法国、从德朗西一个集中营被运到奥斯维辛或贝尔森。人们曾问为什么盟国不轰炸运送犹太人去集中营的德国火车。我从不认为那样做有什么好处。我觉得,纳粹已经如此可怕地蓄意要杀害犹太人,到这个份上,别说火车被轰炸,就算集中营被炸掉,他们也会立即重建起来的。我确信他们对犹太人的仇恨甚于对输掉这场战争的恐惧。他们绝不会让那些送犹太人走上不归路的列车和毒气室的操作停下来。我想,对于东欧和巴尔干等国家和地区,如果盟国威胁说要是他们把犹太人移交给德国纳粹的话,就要对他们实施最有力的报复——特别是当德国纳粹赢得战争胜利的希望越来越渺茫时,比如到1943年——这些国家的犹太人就有可能获救。因为在这些国家中,有许多反犹太主义者(现在还有),但还不是那种变态而狂热的典型的纳粹分子,他们担心受惩罚,也许不敢贸然把犹太人移交给德国纳粹。我不明白为什么盟国当时不有效地这样去做。

贾:后来,也即1957年您荣获爵士封号。从1957年到1967年,您在牛津大学教社会理论和政治理论。从1966年到1975年您是牛津大学沃尔夫森学院第一任院长。再后来,从1974年到1978年,您被选为不列颠学会的会长。您代表学会经常出差吗？

伯：1977 年我代表学会去过伊朗，主持在德黑兰的英国考古学院大楼的开幕式。那时伊朗国王还在位。

贾：那是您的第一次东方之行吗？ 22

伯：不，我已经去过印度。70 年代初我从印度回国途经德黑兰，也在那里待过几天。

贾：您对东方的印象怎么样？

伯：“东方”所覆盖的区域太广了。在伊朗，我和妻子去过设拉子和伊斯法罕。我记得，在伊斯法罕的一个带有奇妙的蓝色圆顶的大清真寺外面，有个学生向我走来。他问我：“英国也有这么宏大、这么美丽的建筑物吗？”我想了一下，然后说：“我没有做过这样的比较。”我去过马什哈德。人们绕着伊玛目[①]的陵墓举行宗教仪式，他们脸上那种狂热的表情让我感到害怕。说实在的，自俄国革命之后我还没有目睹过这么吓人的情景。

哲学家还是思想史家？

贾：您在许多文章中，为了揭示各种思想是怎么形成的，尽力要弄清楚这些思想的始作俑者的生活和个性。您有没有考虑过，这样做究竟属哲学研究还是历史研究？

伯：我怎么好把这两者区分开来呢？让我以哲学史为例解释一下。有些哲学史教材质量很差，原因是，这些书的作者根本就不是哲学研究者，他不理解怎么样去思考哲学问题，也不知道他人思考这些问题以及被这些问题所困扰的动机和原因，也即他不能真正抓住哲学家们力图

① 伊玛目，阿拉伯文 imām 的音译。原意“表率”“首领”“站在前列的人”等，一般用来指称某些伊斯兰教国家元首或伊斯兰教教长。——编注

去回答、分析或讨论的究竟是什么问题。他的研究只是简单地抄
写——他写道，笛卡尔这样说，斯宾诺莎那样说，而休谟认为他们两人
23 都不对。这全是些死气沉沉的东西。对于哲学问题除非你长期为之苦
思冥想，否则你根本就不能说清到底是些什么问题。“什么是哲学”本
身就是一个哲学问题，对这个问题，一般人都回答不清楚。要对哲学史
有很好的说明，你必须竭尽所能从其“内部”看清各个哲学问题，设身处
地地进入你所讨论的哲学家们的内心世界。你必须弄清那些问题对为
之乐此不疲的哲学家意味着什么，弄清哲学家们始终关注的焦点。不
如此“艰辛”是不可能写出真正的思想史的。我的兴趣并不侧重于哲学
思想，而是包括社会思想、政治思想和艺术思想等。另外，除非你自己
专注于相关领域并进行深入研究，否则你无法写出他人在该领域艰难
跋涉的历史。意识形态的历史，严格说来，只有那些热衷于意识形态问
题并懂得如何思考意识形态问题的人才能写。

贾：您说的意识形态在这个意义上指什么？

伯：指人们对这些思想的态度是各不相同的。知识分子总想让思
想变得有趣些。除非你对所讨论的思想深感兴趣，否则不论你自己看
法如何，思想史就总是与你无关的、死板的、索然无味的东西。我研究
思想史是因为我对一些思想有兴趣。如果你对某些思想有兴趣，并引
起你思考一些问题，那么你就不能不考虑这些思想的历史。因为思想
不是单子，它们不是在真空中产生的，而跟人们的信念、生活方式、人生
24 观和世界观紧密相连。思想之间相互碰撞和影响，并不断地呈现，成为
所谓“智性气候”的组成部分，它跟物质因素一样，形成人们的行为和感
情，并且历史地变迁着。

贾：我问您这个问题是因为我记得，在《民族主义》一文中，您认为您自己既不是历史学家也不是政治学家，所以我想您可能认为自己是个哲学家。

伯：我对哲学的看法跟我迷恋于一般思想的起源和发展很有关系。

我解释一下这是什么意思。有些学科是由知识的积累而形成的,那是
知识进步的标志。如果你是个化学家,对化学史不感兴趣,就没必要去
研究拉瓦锡,你只要了解当代的化学家在想什么就够了。一切进步性
的学科都是这样,因为我们能肯定我们今天比昨天知道得更多。哲学
可不是这样。你不能说:柏拉图这样说,亚里士多德那样说,而我们已
经走到远远超过他们的地方了,所以也没必要再读他们的著作——他
们像阿基米德或罗杰·培根那样被废弃了——或者,即便没有废弃,无
论如何在总体上也被超越了。事实上,柏拉图提出的问题,现在还会而
且确实被人们提出来;赫尔德和维柯提出的问题现在也仍然被激烈地
争论着;亚里士多德不仅对托马斯·阿奎那而且对今天的哲学家也有
直接的影响。哲学不是一种累积性的学科。古代那些基本的哲学思
想、观点、理论和见解现在仍然是哲学的中心内容。它们有其特定的横
贯历史的生命。有些人不同意这种看法。他们说,一个人只能依据哲
学问题和哲学思想所产生的历史环境来理解它们。如果不切实地了解
15 世纪意大利人的生活状况和当时在佛罗伦萨发生的事情,你怎么能
理解马基雅维里的学说?如果对 17 世纪的法国和荷兰一无所知,你怎 25
么能理解斯宾诺莎的哲学?这其中有一些真理,但不过如此。没有做
过哲学家的历史学家说,有兴趣研究马基雅维里的人也一定有兴趣研
究文艺复兴。的确,研究文艺复兴对研究马基雅维里大有帮助。如果
你理解了他提出问题的环境,理解了为什么这些问题萦绕在他脑际,你
当然会更充分地理解他。在此我不否认在《年鉴》(*Annales*)杂志上讨
论的精神状态(mentalités)的重要性,但我想问你,关于苏格拉底和柏拉
图或色诺芬时代的雅典(人们的精神状态和生活方式)我们知道多少
呢?雅典城是怎么样的?是像贝鲁特城还是祖鲁人的村寨?我们简直
一无所知。关于帕台农神殿或其他庙宇,当然同样也不知道。虽有住
宅建筑的遗迹,但是,我们不知道当时的街道实际上是怎么样的,人们
爱吃哪种食物,说话的口音怎么样,他们的相貌怎么样。虽有遗留下来

的人物绘画和雕刻,但我们不知道人们家庭生活的具体情况,不知道自由人与奴隶、富人与穷人之间的实际关系。我们试图建构有关那些事物的观点,但是,与我们对较近的年代拥有的知识相比,我们简直就是无知。可是,柏拉图的思想中所包含的某些东西,对今天人类来说确实还有不少的启示意义,即使我们没有关于当时环境的知识(有这种知识当然能更好地理解古希腊的文字)。在西方世界,深入人心的古希腊哲学家的中心思想和主要观点,有着它们自己特定的生命。我们也许无法准确地知道它们对雅典人意味着什么,它们的语调变化、感情色彩、参照系和比喻作用,以及希腊语或拉丁语是怎么发音的,但这些思想和观点在一定意义上仍然是活泼泼的,尽管人们对它们得以产生并施加影响的世界在物质方面或历史细节上一无所知。当然,也有很多政治的、社会的和道德的思想随着它们所在的社会的消亡而消亡了,以至于人们只能历史地研究它们,对它们在当时为何能如此流行并产生巨大
26 影响求得不完全的理解。

没有哲学家的哲学?

贾:您认为哲学是一种永恒的追问吗?

伯:当然是的。哲学来自引起疑问的各种观念的冲突。观念来自生活,生活变化了,观念也会变化,冲突随之变化。冲突滋生困惑。但是,当生活变化时,更多的困惑在没有获得解答之前就枯萎了。思想因营养不足而枯萎较之通过争论而被驳倒要快得多。因此,由于滋生新问题的社会是不断变化的,以为所有问题都能找到解决办法的观念即使在原则上也是荒谬的。哲学不像无机化学,无机化学也许可以解答它的全部疑问(我怀疑实际上也做不到)。哲学解决的是观念之间、词语之间或表述方法之间的冲突产生出来的各种疑难。困难在于,用来解决这些疑难的方法彼此是不可类比的。哲学问题不同于经验问题,

经验问题可以通过观察、实验或从它们的承先启后中解决；它也不同于
数学问题，数学问题跟下棋或任何其他有规则可依的游戏或程序一样，
可以通过演绎方法解决。但是关于生活的目的、善和恶、自由和必然、
客观性和相对性等的一系列问题，既不能靠查阅最高级的辞典来解决，
也不能用经验方法或数学推理方法来解决。费马定理还没有获得解
决，但解决它的方法是没有疑问的：人们知道用些什么证据来证明它。
哲学可不同。各种观念的历史是互不相同的。我们也确实力图追寻这
些观念的发展轨迹。思想史是我们所认为的人们曾思考什么和感觉什 27
么的历史，这些人都是现实的感性的人，他们不是塑像，也不是各种品
质的集合体。设身处地进入思想家们的内心和世界观是必要的，移情
（Einfühlung）也是不可或缺的，尽管这样做面临证据不足和不确定性，
乃至困难重重。在研究马克思的时候，我力图使自己像马克思本人在
柏林、在巴黎、在布鲁塞尔和在伦敦那样，思考他的各种概念、范畴及其
德语词汇。我研究维柯、赫尔德、赫尔岑、托尔斯泰、索雷尔及其他任何
人，都是这样。他们的思想是怎样产生的？在什么特定的时间、地点、
社会条件下产生的？他们的思想可能很多人都有同感，但毕竟那是属
于他们自己的。你必须不断反问自己，是什么东西让他们烦恼？什么
东西使他们对这些问题苦苦思索？他们的理论或著作是怎样在他们头
脑中成熟的？人们不能完全抽象地超历史地谈论各种思想；但是，人们
也不能孤立地仅在具体的历史环境中来描述各种思想，好像这些思想
在它们的框架之外没有任何意义似的。正如你看到的，这是一种复杂
的、含糊不清的、需要借助心理学视野以及丰富想象力的研究工作，它
不可能获得什么必然性的结论，在多数情况下，只能达到高度的持之有
故和言之成理，达到理智能力的首尾一贯和清楚明白，还有独创性和有
效性。

贾：您认为没有哲学家也能有哲学？

伯：这要看你持什么标准来判定哲学家。有强烈的好奇心以及理

解一般思想的能力的普通人当然都可以搞哲学。比如，赫尔岑不是专业的哲学家，马克思或陀思妥耶夫斯基也不是专业的哲学家，可是谁能
28 说他们的思想不具有哲学的重要性呢？这全取决于你怎么看。博丹是律师，培根也是律师。他们都不是哲学教授。莱布尼茨、斯宾诺莎、笛卡尔和休谟也都不是哲学教授。贝克莱是个大主教。维柯当然也不是，他教的是修辞学和法学。在沃尔夫①之前，我不晓得有谁是专业的哲学教授（也许托马修斯②是）。

贾：也就是您认为在专业的哲学之外还有哲学？

伯：当然有。我认为，专业的哲学家是必须的，这是因为，如果说他们有什么好处的话，就是他们能澄清思想。他们分析词汇、概念和大家用来思考的通常的术语，这种工作对人们的思考关系很大。来自思想的自由会使我们活得更幸福些，但那不易达到，毕竟，人与动物的根本区别就在于思想。我给你讲个故事（那不过是一件逸事）。不久前，哈罗德·麦克米兰告诉我，第一次世界大战前，他在牛津大学读书时，去听一位名叫 J. A. 史密斯的哲学家的课，那是一位信奉黑格尔的玄学家。那位哲学家上第一次课时跟他的学生这样说："先生们，你们大家将来会从事不同的职业——有些人要当律师，有些人要从军，有些人要当医生或工程师，有些人要当政府职员，有些人要做土地商或政治家。我要告诉你们，在我这门课中，我说的东西，对于你们要训练的技能，不管在哪方面都没有丝毫用处，但是有一点我可以向你们保证：如果你们从头到尾听完我这门课，你们将总能看清人们什么时候在胡说八道。"那位哲学家说的话确有合理之处。哲学，如果教得好的话，其用处之一就是让人透过政治上冠冕堂皇的辞藻，识别各种谬论、欺骗、恶作剧、赘疣、

① 沃尔夫（Christian Wolff，1679—1754），德国哲学家和数学家，曾任多所大学教授，是莱布尼茨哲学的普及者。——编注

② 托马修斯（Christian Thomasius，1655—1728），德国哲学家和法学家，曾任霍尔大学教授。——编注

感情上的讹诈，以及各种各样的诡辩和伪装，它能大大增强人们的批判能力。 29

贾：因此您不同意黑格尔把哲学设定为一门科学？

伯：不同意。哲学不外是要在看不到办法的地方力图去寻找问题的答案。我觉得，康德之所以是一个伟大的哲学家，部分原因就是他从这点上理解哲学的本性。而且我想，自我理解是哲学的主要目的之一。还有，哲学的目标就是要理解人、事物、词语三者之间的相互关系。

贾：因此您觉得比较亲近的是叔本华而不是黑格尔那样的哲学家？

伯：是的。在叔本华那里我没有发现包罗万象的形而上学大厦那样的东西。人们可能对叔本华的体系一无所知，但照样能从他许多尖锐的有时是深刻的见解中获得教益。黑格尔的体系在我看来，似乎是希腊神话中的独眼巨人波吕斐摩斯的阴森森的黑洞，一进去就出不来，每一个脚印都指示一条道路，正如拉丁诗人所说的那样。

贾：您在很多著作中对文艺复兴以后的思想家的关注甚于对古希腊和古罗马的古典思想家的关注。您这样做，似乎是故意使自己跟政治哲学的传统保持一定的距离，那种传统对现代性依然具有批判性。您是不是这样考虑的？

伯：严格地说，谁是古罗马的思想家？

贾：西塞罗、塞涅卡。

伯：在你看来，谁从哲学角度论述过古罗马的思想？今天谁又受到 30
塞涅卡甚至西塞罗的影响？你能告诉我这两个人的现代信徒的名字吗？塞涅卡的戏剧在欧洲文学中有它的地位，古罗马人的斯多葛主义在社会史和教育史也许还在政治史上有它的影响，但是，它们在哲学上有什么影响呢？古罗马不是一个富于哲理性的民族。古希腊则另当别论。对于这些问题我们现在都在深入地争论着。

列奥·施特劳斯的“魔眼”

贾：对列奥·施特劳斯及其政治哲学您有什么看法？

伯：我认识列奥·施特劳斯，跟他见过面。我尊重他，他是一个博学的人，一个真正的古典学者和犹太教法典学者。他认为，政治哲学被“坏导师”马基雅维里深深地引入歧途，并且从此一蹶不振。在他看来，自从中世纪寻找到政治哲学的正确道路之后，就没有政治思想家了。柏克接近于政治思想家，而霍布斯和他的追随者又走上邪路并深深地误导了其他人。功利主义、经验主义、相对主义和主观主义，这些都是十足的谬论，败坏了现代思想，严重地损害了个人和社会。客观的善与恶，客观的对与错，统统被废黜了。列奥·施特劳斯是一个细心的、真诚的、深心眷注的思想家。他好像教导过他的学生，要读懂古典哲学家的弦外之音。他有一种看法，认为古典思想家的字里行间隐藏着深意，只有借助暗示、引喻或其他征兆才能发现；导致这一状况的原因或是因为这些思想家害怕高压机关的审查，或是因为他们本来就是使用这种方式思考问题的。他这种看法对别出心裁和各种怪诞念头是极大的刺
31 激，而我认为这不过是刚愎自用罢了。他诋毁文艺复兴以后的世界被实证主义和经验主义无可救药地败坏了，在我看来，这是近乎荒谬的。

贾：该怎么看他对现代性的批判呢？

伯：我不赞同他的批判。我在芝加哥当访问学者时曾多次和他交谈，他都力图说服我。但他无法使我相信有永恒的、不可改变的绝对价值，有放之四海而皆准的东西，诸如上帝赋予的自然法之类。我得到一篇即将发表的他生前写就的文章——搁了多年没人看过的一篇“遗作”——其中我受到他的严厉攻击。就随它去吧，我也不能答复他，因为他已经在坟墓中了，我也没兴趣跟他的一批门生打交道。我觉得，他和他的门生都相信，善与恶、对与错都直接得自某种先天的启示，某种

“形而上学之眼”,也就是靠使用柏拉图式的那种我无缘分享的理性官能。柏拉图、亚里士多德、《圣经》、犹太教法典、迈蒙尼德,也许还有阿奎那和中世纪的其他经院哲学家,都通晓什么样的人生才是最美好的,他们的门生现在也执着于此,而我却没有这种荣幸。

贾: 所以您认为您自己属于纯粹的现代人?

伯: 我不懂你说的现代人是什么意思。指有经验主义思想的人?是的,我属于这样的现代人。我不能用几个词总括我的全部信念,但我认为,世界上存在的一切无外乎就是人、物和人脑中的观念——目标、情感、希望、畏惧、选择、想象的情景和所有其他形式的人类经验。这就是我所认识的全部东西。我无法做到无所不知。也许有一个永恒真理和永恒价值的世界,有一种只有真正的思想家才能具有的魔眼,而这只属于恐怕我永远无法进入的极少数精英的领地。列奥·施特劳斯知道我原则上不同意他的学说,确实如此。我觉得他最好的书是在英国写 32
的论述霍布斯的那一本[①]。而他跟我说过,他写得最不好的书正是论述霍布斯的这一本。可见我与他之间存在着一道不可逾越的鸿沟。

贾: 您如何把自己的哲学置于政治哲学的传统之中?

伯: 你说的传统指什么?

贾: 我是指从柏拉图到当今世界这个传统。

伯: 我认为传统并不是唯一的。柏拉图代表一个传统,亚里士多德代表另一个传统。斯宾诺莎跟前两人差别都很大,康德跟这三人又不同。比如,柏拉图、亚里士多德和中世纪的基督教,都设想世界上一切东西都由上帝或大自然赐予了一个目的,一切生物和无生物都力求达到这个目的,当然它们也就是为这个目的而被创造或从这个目的产生的。斯宾诺莎否认这种设想,休谟也否认这种设想。法国启蒙时代的哲学家们跟英国的洛克一样,却都相信这种设想。康德不相信这种设

① 即《霍布斯的政治哲学》。——编注

想，虽然他也希望人在坟墓之外还有一种完满。边沁也不相信。那么你说的这个传统在哪里呢？

贾：即使在政治哲学领域也是这样吗？那是一种持续不断的创造吧？

伯：即使在政治哲学领域也是这样的。永恒哲学是基督教尤其是罗马天主教的一个根本观念。目的论仅仅是此种思想之延续的一根线索。

关于文化的差异

贾：在现代性的思想家中您特别关注维柯和赫尔德。可以说，您对
33 历史的思考主要是受这两个思想家的影响，对吗？

伯：是的，我特别关注维柯和赫尔德，但是我的思考并非全是对历史的研究，恰当地说，我不是一个历史哲学家。我相信多元论而不相信历史决定论。在关键时刻，在历史转折关头，当各种因素大体上平衡地出现的时候，个人以及他们的抉择的行动，本身不一定可被预见（确实很少能预见），但能决定历史的进程。我不相信历史是一部戏剧（这是赫尔岑使用的概念，他认为历史不是一部多幕剧，一部由上帝或大自然赋予主题的演出，不是有图案可辨的地毯）。而马克思和黑格尔都认为历史是一部有结局的多幕剧，它在达到高潮之后（在马克思看来，要经过可怕的冲突、苦难、灾祸），天堂之门将会启开，那就是戏剧的收场，历史（马克思称为史前时期）便从此结束，一切事物都永恒协调，人们将合乎理性地合作共事。维柯和赫尔德却不会这么说。他们（特别是维柯）相信历史进程有一定的形式，但不相信历史是一部有结局的戏剧。我的历史观来自对黑格尔等人及其追随者的著作的阅读，我发现他们的理论总的来说是不可信的。我觉得，他们的历史观跟斯宾格勒、汤因比以及他们的前辈——自柏拉图和波利比乌斯算起——所持的历史观没

有什么不同。当然，总会有人去探索这类历史的目的和对历史的解释，但我认为事实不会支持这种模式，规律也会被许多明显的例外和反例打破。我读过布罗代尔、E. H. 卡尔和现代马克思主义者的许多著作，了解他们的争论，知道历史决定论主张什么东西。虽然有许多非人因素决定着个人和民族的生活状态，但我看不出有足够的理由把历史视为一条不会发生偏差的高速公路。我感兴趣的是维柯和赫尔德的文化多 34
元性的信念。实际上，每种文化都有自己的重心，各种文化有着各不相同的、新颖的、不可预见的思想及其相互冲突的倾向。我看，维柯最先理解到，文化就是世界相对于社会的意义，就是男男女女对于他们自身与别人和环境发生关联的集体意识；文化影响思想、感情、行为、举动的特定形式；文化是多种多样的。维柯划分不同时期的文化，赫尔德则对不同时代的不同民族的文明，特别是同时代的不同民族的文明做了区分。他俩的信念增强了我的看法。我认为，历史不是一个呆板的单线条的进步过程，伏尔泰说，历史是理性、知识和艺术品创造不断进步的过程，有时被可怕的干扰所打破，突然陷入野蛮状态，比如中世纪基督徒的迷信。我看没有那种逐步增长的进步。当然，更丰富的知识、更大的幸福、更深厚的关怀、更多的自由和更高的效率等等，是进步的表现。从某些方面的发展看，人们可以说现在跟以前某个时期相比是进步了，但跟其他各个时期相比是倒退了。在 20 世纪(无疑是历史上最坏的世纪之一)，谁能相信人类是连续不断进步的？或者总的来说是持续进步的？不指明是什么方面的进步，人们能说进步吗？人们可以说在两千年前不被大多数西方人所接受的某个价值系统现在被接受了是一种进步。但这种进步是按照我们在某些方面的标准所做的判断，而按照其他民族的标准则未必就是进步。我不能接受这么一个整体进步的历史观。

贾：但您不也是运用因果原则研究历史吗？

伯：当然是，因果原则不能不用。但是我不相信你能找到用来预期

历史发展的模式，就像天文学甚至生物学所做的那样。马克思、圣西门
35 和布克哈特的有些预言实现了，有些预言落空了。圣西门预言了社会的技术转型，而他关于政治作用递减率的说法完全是错误的。圣西门的追随者进而预言了大商业的发展和技术的进步对文化的影响，而在时间、地点、原因、结果和政治革命的经济后果上，总的来说是错误的。今天谁敢重复列宁关于国家消亡的预言？谁敢重复托洛茨基关于个人天赋普遍展示的预言？这些预言家谁也没预言过当前全球范围的民族主义的兴起，也没预言过宗教狂热的勃兴，而这正是对当今世界有重大影响的因素之一。在 19 世纪，人们曾以为民族主义行将消亡，没人估计到今天它还存在于包括西方在内的世界各地。马克思以为宗教是阶级斗争和资本主义的副产品，但他料想不到，现在阿尔及利亚政权在原则上是社会主义的，比资本主义政权有更狂热的宗教和更激进的民族意识。预言是一种普遍却难以信赖的活动。我在维柯和赫尔德的著作中所读到的，是人类历史固有的文化多样性的观点。历史并不直线行走，不同文化之间相互作用，有时就是因果性质的作用。通向未来或过去的道路不存在唯一的钥匙，它不好跟自然科学做类比。后者的定律对重复出现的因果链是开放的，这样的因果链能总结为一般的规律。

贾：当您说到不同个体之间的目标冲突时是不是以维柯的思想作为理论基础？

伯：维柯教导我们要去理解异己的文化，这跟中世纪的思想家很不相同。赫尔德比维柯更重视区分各种文化之间的不同。古希腊、古罗马、犹太、印度、德意志的中世纪时期、斯堪的那维亚、神圣罗马帝国、法
36 国等等，其文化都各不相同。我们能够理解不同民族和地区人们的生活方式（即使他们的生活方式跟我们的差异很大，即使他们憎恨我们或有时候被我们所谴责），这样的事实表明，我们大家能够穿越时空进行沟通。当我们认为理解了那些与我们在文化上有很大差别的群体的时候，即意味着某种强大的富于同情心的理解、洞察和 Einfühlen（“共感”，

赫尔德发明的一个词)的存在。即便其他文化排斥我们,依靠移情的想象力,我们也可以设想,为什么他们会产生这样的思想和感情,并采取相应的行动达到预定的目标。

文化相对主义和人权

贾: 您认为文化相对主义与普遍性原则两者是矛盾的吗?

伯: 我认为两者并不矛盾。人与人之间以及社会与社会之间的差异,可能被过分夸大了。据我了解,没有哪一种文化缺少善与恶、真与假的概念。比如勇敢,可以说在我们所了解的每个社会中,都是一种值得赞美的行为。因此一般性的价值观是有的,这是关于人类的经验事实,莱布尼茨称为事实的真理而不是原理性的真理。不同时空的芸芸众生,绝大多数人都共同拥有某些价值观,不论这些价值观是否自觉明晰,也不论它们在态度、举止和行动上的表现如何。另一方面,人与人之间,社会与社会之间,又确实存在着很大的差异。如果你确实了解了个人之间、团体之间、民族之间、各个完整的文明之间所存在的差异,运用想象“进入”他们的思想、情感世界,设想你自己置身于他们的生存环境中会怎样认知世界并审视自己与他人的关系,那么,即使你对所观察到的东西很反感(全部了解当然并不等于全部谅解),也肯定会减少盲 37
目的偏执和狂热。想象会产生狂热,但通过想象洞察了不同于自己的境况,结果必定能减少狂热。拿纳粹来说吧(一个极端的例子)。人们说,纳粹分子是疯子,是神经错乱者。我看,这样说太随便了,太轻率了,也太不足道了。纳粹分子被人用口头及书面文字向他们鼓吹,引诱他们相信存在着劣等人——他们无异于有害的动物,危及了真正的文化(德意志的或北欧的文化)的基础。“存在着劣等人”,这是一个纯然虚假的命题,在经验上可以证明是虚假的,纯粹是胡说。但是,因为有人告诉你存在着这样的劣等人,你又信任那些说教者,那么你就会相信这个命题。更进一步,你就形成这么一种思想判断(在一定意义上这是很合理的):必须灭绝犹太人。这种判断不是出自神经错乱,也不是简单的非理性的憎恨或轻蔑,或者说是攻击倾向(虽然这样的憎恨和倾向会助长这种判断)。古往今来许多冲突和暴行就是这样引起的,真是太习以为常了。这些情绪被系统化为荒谬绝伦的信念,经过演说家和著作家有组织地鼓吹,那就不是显而易见的荒谬命题,而是叙述清晰的学说,造成了犯罪,导致可怕的残杀和惨烈的灾难。我认为,人们在把一个有思考力的人称为疯子或神经错乱者时务必小心谨慎。迫害并不是来自神经错乱,而产生于把骇人听闻的谬误深信为真理,进而导致罄竹难书的恶果。如果人们希望阻止盲目的狂热所造成的灾害,必须力图理解信念中的理智的而不仅仅是心理的根源;必须力图向那些狂热者说明他们是错误的。如果做不到这一点,那就投入反对他们的战争的
38 行列中去,而说服工作还要继续进行。有些宗教运动也是很容易并很快导致战争。它们忽视人们信念中共同的东西。正如苏格拉底教导的,理性的方法,通向真理的道路,要与人们自己的价值观相分离,这对于社会和个人的命运是极其重要的。就此而论,西方哲学的中心传统是权利。诗人海涅很久以前说过,人们不应轻视谦卑的教授所做的研究工作,应该重视而不应低估教授的这种能力。与他的朋友马克思不同,海涅相信是康德导致了罗伯斯庇尔。了解自己及他人,懂得理性的方法,掌握作为知识和全部科学基础的证据,以及力图验证直观确定性,这些对我们来说都有着根本的重要性。人权这个观念建立在一个正确的信念之上,那就是普遍存在着某些特定的品性——自由、正义、对幸福的追求、真诚、爱——这符合整个人类的利益,而不只是符合作为这个或那个民族、宗教、职业、身份的成员的利益。满足这些要求,保护人们这些要求不被忽视或否认,都是正当的。有些东西是人之为人所必然要求的,不管他们是法国人、德国人或中世纪的经院学者,只要他们是过着人的生活的男人和女人。

贾：您认为这些人权原则跟民族精神相矛盾吗？

伯：我觉得不矛盾。我认为，一切存在过的文化都认可或在最低限度上认可有这样的人权。不过，把这个最低限度扩展到什么范围，对此可能有不同意见：家奴、奴隶、犹太人、无神论者、敌人、邻近部落的成员、野蛮人、异教徒，都配享有人权吗？尽管如此，就存在这些权利，并且这些权利是指导正常人生活的经验性先决条件而言，所有文化都是承认的。否认一定等级的人的人道，在实践上时有发生，在理论上却不 39
多见。

贾：那么，您认为我们可以以人权为基础建立政治哲学吗？

伯：不，那还不够。但这是绝对必要的条件。没有这个条件就没有政治哲学。

贾：还要加上什么条件呢？

伯：看情况而定。你必须对一些重要的概念展开分析。你必须懂得什么是正义，什么是自由，什么是社会契约，并对不同类别的自由、权威、义务做出区分等等。政治理论的分野往往围绕“为什么有些人要服从另一些人”这个中心问题来展开。多数政治理论都是对这个问题的回答。实质上不是为什么服从，而是为什么应该服从和服从到什么程度。

两种自由概念

贾：说到自由，能否解释一下您对积极自由和消极自由的划分？

伯：有两个各自独立的问题。一个是：“多少个门向我敞开？”另一个是：“这里谁负责，谁管理？”这两个问题相互交织又相互区别，它们要求不同的回答。多少个门向我敞开？关于消极自由的问题是：拦在我面前有什么障碍要排除？其他人怎样妨碍着我？其他人这样做是有意的还是无意的？是间接的还是有制度依据的？关于积极自由的问题是：谁管我？别人管还是自己管？如果是别人，他凭借什么权利？什么权威？如果我有权自主，自己管自己，那么，我会不会失去这个权利？能不能丢掉这个权利？放弃这个权利再恢复这个权利？具体怎样做？
40 还有，谁制定法律？或谁执行法律？征求过我的意见吗？是多数人在统治吗？为什么？是因为上帝、牧师，还是党？是出于公共舆论的压力？传统的压力？还是慑于什么权威？这便是与消极自由不同的问题。这两个问题连同各自的附属问题都是重要的且合理合法的，对两者都必须做出回答。有人怀疑我捍卫消极自由而反对积极自由，以为消极自由更文明，那只是因为我觉得，积极自由在正常生活中虽然更重要，但与消极自由相比更频繁地被歪曲和滥用。其实这两个问题都是切切实实、不可回避的。对它们怎样的回答决定着一个社会的性质——自由社会还是独裁社会？民主社会还是专制社会？世俗社会还是神权社会？个人主义的社会还是社群主义的社会？如此等等。这两个概念在政治和道德上都曾被歪曲到各自的对立面。乔治·奥威尔对此有过很好的描述。有人说："我可以代为表达你的真正愿望。也许你以为你知道自己需要什么。而我、元首、我们比你自己更了解你，向你提供你所需要的东西，只要你认清了你的'真正'的需要。"我则说，如果国家不采用强制措施，自由也会对老虎和绵羊一视同仁，甚至前者吃掉后者也是在所难免的。但实际上这是对消极自由的歪曲。当然，资本家不受限制的自由就会损害工人的自由，工厂主或父母无限制的自由会让小孩子沦为煤矿的雇佣者。弱者一定要保卫自己不受强者侵犯，就此而言，自由就要减少。如果积极自由充分地实现，消极自由就会被减少。关于两种自由之间要保持平衡，尚未有明确的原则对此予以阐释。积极自由和消极自由两者都是明确有效的概念，而我觉得历史上虚伪的积极自由所造成的危害比现代虚伪的消极自由所造成的危害更
41 大。当然这可能有争议。邦雅曼·贡斯当是我非常钦佩的思想家，他的论文《古代自由与现代自由的比较》是我所了解的讨论两种自由的最

好的作品。

贾:这正好是我想问的。在贡斯当和卢梭关于古代自由与现代自由两者对比的争论中,您站在哪一边?

伯:我站在贡斯当一边。贡斯当认为有两种自由,他不否认古代雅典人所拥有的自由的价值。在古代雅典人看来,自由意味着在议会中一个人可以指控别的任何人,谁也不能妨碍别人(不管地位多么低微)向法庭提出对他人的诉状,不能妨碍别人公开地谴责他人,不能妨碍别人自由地观察、批评和谈论,而不管这会带给当事人多少不快。但是,现代的自由概念允许人们拥有一定程度的隐私权。隐私这个概念在古代很少见,实际上是中世纪的思想。帕斯卡尔就说过,世界上一切罪恶其实都是因为人们不安静地坐在房间里而造成的。现代自由确认了人们的隐私权。

贾:但是,这是私人自由,不是公共自由?

伯:对。私人自由和公共自由任何一方不受控制的实施都会破坏另一方。隐私确实是个新概念,比人们通常所想的还要新。新概念之所以能产生,是因为有新观念出现。再拿"真诚"这一概念来说吧。可以说,在古代和中世纪,真诚并没有被视为一种美德。真理才是一种根本性的价值;殉难的信念之受称赞,只是在有证据证明它是一个真理性而不是谬误性的信念时。任意一个犹太人或基督徒都认为,由于异教 42
徒所信奉的东西的确是荒谬的,因此对他们持有这一谬论的那份真诚没什么好钦佩的。随意一个十字军东征的参加者都会说,穆斯林信奉的东西当然是虚假的,因此对他们这种颠倒是非的真诚也没什么好感动的。宗教战争期间,新教徒被看成是把灵魂引向地狱的邪恶的教唆者,是必须被抵制的放毒者,如果必要应该处死他们,可是,事实上,他们宣讲他们的教义,不是为了挣钱,不是为了争权,也不是出于虚荣心,而仅仅因为他们对所讲的东西深信不疑,而且准备着为那些可怕的异端邪说而献身——但没有一个东正教徒会说如此真诚是该受钦佩的。

总之,重要的只是真理,而不是真诚。我觉得,把真诚看作一种美德不过是 17 世纪晚期前后的事。真诚地相信错误的东西是很危险的。是没有道德价值或精神价值的,至少是令人遗憾的。多样性作为一种正面的价值,也是一个新观念。旧观念认为,真理只有一个,谬误可有许许多多。对于任何一个真正的问题,原则上只能有一个正确的答案,其余的答案必定全是错误的。如果认为一个问题有两方面,可以有两个或更多的互不相容的答案,其中任何一个答案都可被诚实的理性的人所接受,这就是一种很新的观念。有人认为,伯里克利在他著名的葬礼演说中已经多多少少谈到了此种观念。他接近了而没有确立这一新看法。如果雅典的民主是好的,斯巴达或波斯就不会被承认。自由社会的好处在于容许各种各样相互冲突的意见存在而不被压制,这种观念在西方确实是比较新的。

关于多元论的争论

贾: 您在许多著作中讨论的主要哲学问题之一是多元论这个概念,
43 您反对一元论或单一标准的观点。您是不是仅仅在保卫旧的自由主义政治理论时才阐明了这一概念?或者,您是不是在评论马基雅维里、孟德斯鸠这类思想家和评论屠格涅夫、赫尔岑这另一类思想家时,认为多元论是一个重要因素?

伯: 多元论和自由主义是互不相同甚至也互不交叉的两个概念。有各种不属多元论的自由主义理论。我既相信自由主义,也相信多元论,而这两者并没有逻辑上的关联。多元论确认:既然对于道德和政治问题以至任何价值问题不可能有一个最终的解答,并且,人们给出的或有权给出的某些解答是相互矛盾的,那么,在实际生活的某些领域,有些价值便可能变得互不相容,这样,如果要避免破坏性的冲突的话,就应该妥协,而最低限度的宽容,不管你情不情愿,都是必不可少的。

贾：您认为马基雅维里是多元论的思想家吗？

伯：马基雅维里不是一元论的思想家，也许是二元论的思想家。我觉得，他是无意中成为反对一元论的一个先驱，因为他是第一个阐明在近代社会存在两种道德的思想家。一种是异教徒的注重实际的道德：充满活力，朝气蓬勃，有自信心，追求权力和荣誉，斯多葛式的抵抗痛苦和不幸，共和主义者的胆量，公民的爱国心，如在罗马共和国时期和罗马帝国早期的道德。另一种是基督徒的道德：谦卑、脱俗、为另一世界做准备、屈从于现实世界的世俗权力，相信受害者（而不是施害者）的牺牲是神圣的。当然马基雅维里没明说这两种道德哪一种更好，但他喜欢哪一种是很清楚的。他压根对纯洁的基督徒生活不感兴趣。我认为
他最早揭示了基督教的国家观本身在措辞上是自相矛盾的：一个人不 44
能同时既是基督徒又是英雄的古罗马市民。基督徒必须保持谦卑的姿态，又常常可以粗暴无礼，这是一种不可调和的二元论。古罗马人成功地抵制了这种自相矛盾的要求。人们可以选择一种生活或另一种生活，而不能同时过两种生活；没有更为根本的标准用来决定正确的选择；既然选择这种也行，选择那种也行，在客观上就不能说一种生活优于另一种生活。它是人们想做什么和成为什么的问题。这就朝两种以上的可能性打开了大门，它正是多元论的观点。孟德斯鸠认为，社会是在他所谓的气候的影响下发展和随之发生差异的，那是指不同地区的自然条件。但是，在某些方面孟德斯鸠不是相对主义者。他把正义看作是一种客观的、不变的价值。如果你看他在旅游时写成的《日志》，特别是看他对意大利古典绘画的评价，就会知道他十分清楚什么是好和什么是坏，好与坏并不是个人趣味的问题，可见在美学评价中他不允许相对主义。他确实也说过，在波斯自然和正常的东西不同于在法国习以为常的东西，尽管如此我还是认为他是明确地把善、正义、自由视为绝对价值的。在他看来，习惯是有差别的，生活方式是多种多样的。这

是否意味着他在价值方面主张多元论,并不是很清楚。跟蒙田和拉伯雷一样,在这方面确实比较含糊。

贾: 屠格涅夫和赫尔岑这些俄国思想家又怎么样?您认为他们是多元论的奠基者吗?

伯: 屠格涅夫不是哲学思想家,他极少有一般性的理论,他是个伟大的小说家。但赫尔岑是个真正的思想家,他也许是那些最早受浪漫
45 主义理论影响的思想家之一。浪漫主义认为,价值不是发现而是创造出来的,生活的目的就是生活本身。这跟以前那些著名思想家的观点差别极大。对于赫尔岑来说,生活就是生活,没有目的。男男女女、芸芸众生都有目的,而生活过程没有目的。“生活的目的是什么?”很多人提出这个问题。在赫尔岑看来,这是个毫无意义的问题。“目的”的意思本身已经包含怀抱目的之人;非人的目的观念——生活的目的、自然的目的、大自然的目的,都是废话。在他之前我没看到有谁这么明确地说过,甚至施蒂纳[1]也没有这样说过。而赫尔岑是深受施蒂纳影响的。

理想的追求

贾: 您认为政治哲学的任务是什么?

伯: 是审视生活的目的。政治哲学在本质上是道德哲学,它应用于社会情境,当然包括政治组织、个人与团体、国家的关系以及团体与国家的相互关系。有人说政治哲学是研究权力的,我不同意。权力纯粹是经验问题,通过观察、历史分析和社会学的调研来解决。政治哲学是要审视生活目的,人(社会的和集体的)的目标。政治哲学要做的事就

---

[1] 马克斯·施蒂纳(Max Stirner, 1806—1856),著有《自我及其所有者》。——编注

是审查为实现各种社会目标而提出的种种主张的合理性，检查为确定和实现这些目标而采取的种种方法的正当性。跟其他所有哲学研究一样，政治哲学要力图澄清构成有关观点的词和概念，使人们能理解自己相信的是什么，自己的行动表示什么。政治哲学还要对那些维护或反 46
对人们所追求的各种目标的辩论做出评价，并要防止麦克米兰所引述的（据我回忆）"胡说八道"。这正是政治哲学的事务，一直如此，真正的政治哲学家都不会忽略这一点。

贾：1988年2月，您接受乔瓦尼·阿涅利基金会授予的第一次奖金，在都灵歌剧院您发表了题为《理想的追求》的领奖演说，您能不能谈谈您追求了半个多世纪的理想的本质是什么？

伯：我在阿涅利颁奖会上对听众的讲话是想表示，对人类的问题，追求一种唯一的、最后的、普遍的解决，无异于是追逐海市蜃楼。有许许多多理想值得追求，其中有些理想是互不相容的。以为对于所有的人类问题，可以找到万事大吉的解决办法，如果有许多人反对的话，还可以采取必要的强制措施以确保实现，这种理想只会导致流血，增加人类的苦难。如果你问我，我自己的理想是什么？我只能给你一个谨慎的回答。我相信，对于人类生活破坏严重的，莫过于那种迷信了：凡美好的生活都是跟政治或军事力量相联结的。本世纪已经为这个真理提供了可怕的证据。我的信条是：为一个还算可以的社会而工作。如果我们能由此走向更宽广的生活，那是再好不过了。只是某些国家的状况连还算可以的社会也比不上。

贾：您觉得您自己是不是一个批判的人道主义者？

伯：我不清楚你说的批判的人道主义指什么。我只能说，像我这样相信民主、人权和自由国家的人，谁也不能否认批判是必不可少的。任
何一个禁止或限制批判的政体，除非处于极其危急的情境中，为避免彻 47
底混乱和毁灭而必须全体一致，否则，这种政体的发展前途不外是极权主义或其他形式的盲目的狂热，这是非常明显的，不必多说了。

通向欧洲大陆的桥梁

贾： 为什么您认为法国哲学被引向德国哲学而不是英国哲学？

伯： 英国哲学总是在注重澄清思想，检验理论和假设，分析经验的意义。法国哲学在笛卡尔的时代和柏格森哲学出现之前其实也是这样的。到20世纪30年代，部分地由于在本土遭受迫害的德国哲学家移居巴黎，法国哲学被引向存在问题和黑格尔式或后黑格尔式的思想风格。这种德国哲学风格在本世纪早期已经被罗素和摩尔成功地从英国赶走了。

贾： 您认为英国哲学和法国哲学怎样才能有真正的沟通？

伯： 跟法国哲学家相比，多数英国哲学家（其实也包括多数美国和斯堪的纳维亚半岛各国的哲学家）似乎都太单薄、太技术化；跟英国哲学家相比，多数法国哲学家似乎都太含糊、太夸饰。如果把四位一流的英国哲学家和四位一流的法国哲学家送到一个荒岛上至少生活三年时间，强迫他们彼此谈论哲学问题，我不能肯定双方能否实现沟通。我不怀疑一开始他们能够这样做，必须说服他们坚持突破所有的障碍。如果这些哲学家有谁发牢骚，不理解对方，不谅解对方，可以简单地要求他们如同学习一门艺术鉴赏的技巧一般，尝试着用对方的语言交谈。
48 如果这样做行得通，可能就有点进步了。要实现真正的沟通，只有经过系统的批判，而这种批判对于使用不同语言的人来说都是可以理解的。对于来自不同营垒的哲学家，最困难的任务是翻译。也许这是件没有希望的事情。但是我不悲观。我已经弄懂了亚历山大·科热夫针对马克思化的黑格尔所做的解释，也已经弄懂了马尔库塞。但是，阿多诺的哲学著作我一个字也看不懂，虽然我跟他有交情，彼此谈过音乐、文学和其他不少东西。据说在法国他的著作很受青睐。我得承认，我的朋友艾伦·蒙蒂费奥里的朋友、法国哲学家德里达的著作，我也完全看不懂。这可能得归因于我的哲学境遇，我太老了，不能从这境遇中解脱出来。就我来说，英国哲学与欧洲大陆哲学的沟通恐怕是做不到的。

贾：但愿翻译您的著作有助于促进沟通。

伯：我很高兴，但没有信心。英美哲学和康德塑造了我。我觉得我写的东西在许多深奥和高雅的法国思想家看来是太经验化、太朴素了。魅力还是有的。我的朋友查尔斯·泰勒无法让我明白那些超凡卓著的法国哲学家希望人们相信什么或不相信什么；他也许能为沟通英国哲学和欧洲哲学搭起一座桥梁——我是做不到了。恐怕我太老，学不到
新玩意了。 49

第二次对话

现代政治学的诞生

马基雅维里：政治的自律性

贾： 谁选定《反潮流》这个书名？是您还是出版商？

伯： 是我。因为在该书里我写到的思想家多数都反对他们时代的流行观点，所以我选择了这个书名。

他们很多人是处在一个思想进步时期的反动分子。当然也有些思想家不属于这个范围。比如，威尔第就是个跟时代非常合拍的人，马基雅维里也可以算得上一个。马基雅维里是典型的意大利文艺复兴时期的思想家，而他又脱离了西方核心的传统观念之一。我认为或许是他最先认识到两种相互对立的价值系统可以并存：一种是基督教的价值系统，另一种合适的称呼是异教徒的价值系统。他没有提供普遍适用的标准来决定在这两种价值系统中该选择哪一种，也没说哪一种更好。看得出他比较欣赏异教的古罗马的传统价值，但他并不谴责或批评基督教的价值。据说他临终时做了忏悔，正式作为一名基督徒而谢世。按照他的观点，那么，就有两种相互矛盾的生活，而只有其中一种能创造和维护他所赞成的那种国家政权，他的《君主论》和《史论》[1]就是植
根于这一观点的。提出这一观点可说是一个历史性的契机，因为它在 53
伦理学和政治学的永恒哲学的观念中撕开了一道严重的裂缝。从古希腊到古罗马，从中世纪经院学者到文艺复兴思想家，到笛卡尔、莱布尼茨、斯宾诺莎，法国百科全书派，又到19世纪的思想家，乃至形而上学者、实证主义者、实在论者和唯心主义者，直到现代所有科学思想的崇尚者，一直延续着这么一种观点：对任何问题，不管是事实问题还是价值问题，只能有一个正确的答案（不管是经过怎样的努力才获得的），并

---

[1] 《史论》（*Discourses*）系指马基雅维里的《读李维〈罗马史〉前十卷史论》，一般认为该书重要性可与《君主论》并列。——编注

且,合乎逻辑地,发现真理的方法就是理性探究的方法。马基雅维里是第一个这样的思想家:他认为至少有两种生活方式,人们可以选择过其中的任何一种,或者在现世或者在来生寻得拯救,但这二者是互不相容的。这样一来,基督教关于在尘世建立美好国家的理论便是自相矛盾的,他没有明确地这么写(这可能会给他带来很大的麻烦),但从他的言论中可以得出这样的结论。

贾:就是这个缘故您称他为多元论的思想家,对吗?

伯:我认为他是二元论的思想家。但是,一旦你有两种同样有效的可能性,你就可能有更多的同样有效的可能性。如果对同一个问题能有两种同样有效的答案,就可能有更多同样有效的答案。

贾:但您在论述马基雅维里的文章结尾,说他是多元论的思想家。

伯:但是,与其说他是多元论的思想家,毋宁说他是二元论的思想家,关键之处在于,他打破了一元论的传统。他是现代伦理学中最早的二元论者,而最古老的二元论者是公元前 4 世纪古希腊的某些人。最伟大的哲学家都是一元论者。亚里士多德在他的《政治学》中说,男人
54 自然地全部卷进政治生活。据修昔底德引述,伯里克利也有相同的看法。伯里克利承认有些人对政治生活不感兴趣,他们被叫作“愚人”;这些人公然被社会抛弃,他们并不真的是白痴,只是有某些缺陷,他们生活在自己的世界中,以至于同常人的生活相疏远。对于古典时期的希腊人以及斯巴达人和底比斯人来说,参与城邦的社会生活是男人的天赋职责。柏拉图在说到一个理想社会时也持同样的看法。在他的《理想国》和《法律篇》中,柏拉图说苏格拉底(批判自己的国家雅典的人)仍是一个好公民。苏格拉底在论战中的表现极其英勇。他不是离群索居的人,尽管他的有些学生是这样的。亚里士多德描述过各类城邦,民主政体的,寡头政体的,等等。但不管是怎么样的城邦,即使在“坏”的城邦,所有人都参与城邦事务。但是,对于斯多葛学派和伊壁鸠鲁学派

以及在这之前的第欧根尼和犬儒学派，就不是这样。斯多葛学派声称，你可以参政，政治对你无关紧要，你想参加就参加，不想参加就不参加，这不是重要的事情。伊壁鸠鲁告诉人们，不要参加政治生活，重要的事情是个人的拯救；要跟政治保持一定的距离。这里有点例外，这些思想家都不把政治看作人类生活所固有的内容，而斯多葛学派的奠基人芝诺却赞赏雅典的马其顿执政官。在他看来，执政官跟祭司是同等重要的人物。但是芝诺教导人们的，还是个人要遵循理性，政治生活跟理性生活无关。因此，如果你不想参与政治生活，就没有必要参与。人们差不多忘记了的一个英国学者埃德温·狄宛对此曾举过一个很好的例子。他说，假设你的老板派你去邮局领一个包裹，对你来说，取回这个包裹当然是情理之中的，但是，如果这个包裹还没有寄到，你也不用介意，反正领不到包裹与你无关。就是这样，斯多葛学派对政治的看法是与己无关。你可以参与政治，但这不是你的义务，政治生活不属于理性生活的范围。你千万不要卷到政治生活中去，因为那会受感情驱使，而感情会歪曲理性，必须加以控制。 55

贾：那么，您认为谁是最早的二元论者？

伯：不是伊壁鸠鲁，也不是斯多葛学派的芝诺。作为思想家，他们最早主张，应允许有两种生活方式。私人的和公共的，而怎样过日子得听从于自然，不能强制。因此，他们是用一种一元论反对另一种一元论，用芝诺的一元论反对亚里士多德的一元论。按照他们的理论，政治就像坐船旅行，你可以去，也可以不去，这种思想正是自由选择如何生活的开端：两个和平共处的哲学学派，各自都声称是理性的权威，而在理论上又尖锐地对立；异端是多元论之母，也是相对主义之母，为更宽泛的观点播下了种子。亚里士多德于公元前 322 年去世，芝诺学说大约盛行于其后的公元前 310 年。所以，正是在这 15 至 20 年内发生了一些剧烈的变化。也许在这之前有其他人表达过这种观点。犬儒学派的人？昔勒尼学派的人？怀疑主义学派的人？不知道。公元前 4 世纪末之前的资料没有什么保存下来了，那时也不会有过系统的论述。而斯多葛学派和伊壁鸠鲁学派确实都反对在这之前的那种单一的集体的生活方式。在柏拉图和亚里士多德先后去世之后，他们是相互对立的柏拉图学园派和吕克昂派。

贾：您认为柏拉图是第一个一元论者？

伯：据我所知，是的。在柏拉图之前很少有完整的政治著作。我设想智者们是一元论者，但是，对于智者们的政治观点，除了反对他们的人所说的之外，我们又知道多少呢？柏拉图是第一个前后一贯的系统的一元论者。《圣经》的作者也是一元论者。而我认为马基雅维里是指出现实的各种价值是相互冲突的第一人。依照马基雅维里的观点，你可以选择做一个罗马人或一个基督徒，做一个拥护斯多葛学派的古罗马人或一个基督徒和殉道者，或者起码可以做一个当权者统治下的受害者。那就是为什么我认为他也是个反潮流的思想家，不过我看他自己倒没意识到这一点，他是个不擅长于理论的思想家。他写书谈到国家政权、政治以及如何成功地管理一个共和国或带有共和政治色彩的君主国。他的观点之令人震惊，不是由于他提倡为了达到管理国家的
56 目的可以运用邪恶的手段（其他人也这样做），而是由于他的观点无形中否定了基督教的国家观。

贾：您觉得您关于马基雅维里是一个"反潮流"的思想家的解读，在某些方面跟通常所说的他是一个"权力和国家的思想家"是否相冲突？

伯：不相冲突，因为几乎没有谁谈到马基雅维里关于如何生活这方面的一般性的观点，他自己和研究他的人都不重视这个问题。通常的解释侧重于他有关国家统治的思想：如果你要有一个稳定的强大的国家，你就应该这样做或者那样做，比如说，保持老百姓的穷困状态，不惜为非作歹，等等。但是，人们没有强调这个事实：马基雅维里这样的主张跟基督徒的生活在本质上是相矛盾的。他不否认基督徒的生活是最

好的生活，但是，如果你过这样的生活，也就是通常所理解的谦卑而没有世俗的雄心大志的生活，那么，你就要准备被冷落、被压制、被侮辱和被摆弄。他不是告诫你，要避免过基督徒的生活。他的劝告是给帝王、诸侯和共和主义的政治家们的。实际上他是说，如果你是一个基督徒，那么，我不是为你写作的。一个强大而成功的国家不可能建立在《福音书》的道德上。其他人也是相信这个道理的，不过嘴上不这样说罢了。

贾：您认为马基雅维里是一个伦理思想家吗？

伯：是的，纵然他对个人的生活道德不感兴趣，他也是一个伦理思想家。我认为，政治理论完全属于伦理学，它适用于社会，适用于公众事务，适用于权力关系，仅此而已。有些人以为政治理论仅仅探讨权力的性质，我认为不是这样。政治理论要讲生活目标，讲价值，讲社会生
活的趋向，讲在社会中人怎样生活和应该怎样生活，讲善与恶、对与错。 57
如果只是对社会生活中各种事实做纯客观的分析，那是社会学或政治科学，不是政治理论或政治哲学。

贾：在这个意义上，您觉得您很接近康德那样的思想家，对吧？

伯：对，接近康德，乃至接近黑格尔。我敢这样说，离他们不太近，但也不会太远。我不是一个黑格尔主义者。黑格尔的国家观建立在他所说的美德之上，那是以国家形式表示的人与人之间相互关系的体系，或这种关系的逐步展开。他的理性国家概念建立在人是什么、人能是什么、人应该是什么这样的想法之上。当然，这种国家观反对个人主义或自由主义伦理学，反对与公共活动无关的个人关系伦理学，或者反对 Vita Contemplativa［沉思生活］①伦理学。这跟帕斯卡尔的观点不同，帕斯卡尔说："Tout le malheur des hommes vient d'une seule chose, qui est

① 亚里士多德在其《尼各马可伦理学》中提出，最高的生活理想是一种沉思或观照世界的生活。——编注

de ne pas savoir demeurer en repos, dans une chambre（人类的一切不幸导源于一件事：不知道独自待在房间里休息）。”这两个人的差别属伦理学的差别。跟黑格尔不同，帕斯卡尔没有也不想谈论国家。相反，黑格尔的道德哲学同他的政治哲学没有显著的区别。但有人认为，道德哲学是一回事，政治哲学是另一回事。这是克罗齐和其他一些人针对马基雅维里说的。他们以为，马基雅维里对伦理学不感兴趣，是非道德主义者，仅仅关心如何维持一个有效率的国家，把政治理论与伦理学分开来。克罗齐他们这种看法是不对的。我认为，马基雅维里只是把政治理论与基督教的伦理学分开，不是把政治理论与伦理学分开。他思考生活的目标，是一个伦理思想家。他试图弄清楚人类应该追求什么。他希望他的意大利同胞回到古罗马人的思想和实践，希望人们精力旺盛，热爱祖国。他相信美德，那跟软弱正好是相反的。美德意
58 味着活力、生气、斯多葛式忍受苦难的能力，目的感的增强，勇敢顽强，雄心壮志，有进取心和权力欲。他要求热情的爱国的公民在坚强有力、足智多谋和醉心于掌权的统治者管辖之下。这就是马基雅维里的伦理观念，一种公民的、人道主义的伦理观念。的确，它既不是自由的也不是民主的伦理观念，也不同于约翰·斯图亚特·密尔、米什莱、迈斯特或托尔斯泰提倡的伦理品性，却是植根于伦理价值之上的。我想，俾斯麦、基马尔、戴高乐这类人正是马基雅维里所羡慕的政治家。

贾：您看，能不能这样说，有两个马基雅维里，一个是写《君主论》的马基雅维里，另一个是写《史论》的马基雅维里。我的意思是，他一方面是权威主义者，另一方面是共和主义者，对吗？

伯：不能这样说。马基雅维里是个共和主义者，但是，如果不能建立共和政体，他认为，有一个强大的带有些共和政治色彩的君主国也比软弱无能的、懈怠的、无效率的共和国要好。尽管如此，他追求的当然还是一个共和政体。正因为是一个共和主义者，在美第奇家族复辟之

后他受到处罚。他从来没有为自己信仰共和主义而表示后悔①。他给美第奇家族去信要求回来,那是出于回归公共生活的愿望:他只相信生活。他希望有一个强有力的政权,而他认为最好的政权就是强大的共和国。有关公民权利的思想亦由此产生。如果形成不了标准的共和国,那么,带有共和政治色彩的君主国也可以,因为重要的是让自己的国家免受其他国家、强大的敌人或掠夺者的蹂躏。公共生活是一片热带丛林,在这片丛林里狮子和狐狸比兔子更易于生存。

贾: 马基雅维里说的共和制跟西塞罗说的共和制是不是很相近?

伯: 在一定程度上是相近的。马基雅维里不是一个民主主义者。 59
他所理解的共和制是一种为公民利益而实行的强有力的政体。他当然不希望老百姓卑躬屈膝、遭受压迫。统治者要当狮子也要当狐狸,也就是既要坚强有力,又不要受骗上当,这样的劝告是很实际也很实用的。关于马其顿国王腓力他也是这么说的。腓力把人民当牲口那样驱使,不仅不把他们看作基督徒,甚至不把他们当人看,但是,如果他要当一个强大的马其顿国王,他就得这么做。跟虚弱的希腊民主派相比,坚韧不拔的腓力和亚历山大更可取。我不相信马基雅维里会说他不关心人们的愿望和思想而只提供技术性的劝告——如果你想要 X,那么就做 Y。不是这样的。我认为马基雅维里热情地赞同某种有价值的公共生活。他不单纯地是一个技术专家。

贾: 有人说马基雅维里是第一个谈论政治自律性的思想家,对此您有何看法?

伯: 我告诉过你,我认为他不相信有什么政治的自律性。对他来说,政治就是运用他所相信的一系列道德原则,并把这些原则落实到社会中去。自律性则意味着政治跟道德无关。当然他没有讨论伦理学。

---

① 那是 1513 年发生的事情。他终于离别佛罗伦萨。直到 1519 年他才获得美第奇家族的宽恕。

他只是间接地说,你的行动可能是不道德的,而在政治上是必要的。他的伦理学是异教的伦理学,但毕竟是伦理学。谈论自律性,这就等于说,道德是一回事,政治是另一回事。马基雅维里认为两者不可以分开。他之所以拥护强大的共和政体,就因为他相信,这种国家的能力、豪气、荣誉、成就是符合人民的愿望的。只是马基雅维里这种看法跟基督教谦卑的道德不相协调。

贾: 那么,在什么意义上我们能把马基雅维里看作一位现代的思
60 想家?

伯: 好。他是第一个确认存在着不止一种公共价值系统的思想家,也是第一个讨论国际关系的思想家。他希望他所生活的公共世界比其他的公共世界都好。还有,他在列宁之前就提出"谁统治谁"的问题。

贾: 您认为现代性的主要特征是什么?

伯: 我认为没有什么现代性的特征。我不知道谈论现代性的特征是什么意思。我不懂什么时候开始算现代。我觉得,前现代性、现代性和后现代性全是些任意武断的概念而已。

国家与托马斯·霍布斯

贾: 让我们谈谈另外一个政治思想家——托马斯·霍布斯。您在文章中从没提到他。

伯: 我对霍布斯不大感兴趣,尽管我认为他是一位优秀思想家和杰出的著作家。其实我也写过一些有关霍布斯的文章。我曾经为马克思主义者 C. B. 麦克弗森的一本书写过评论。在《占有的个人主义理论》这本书里,C. B. 麦克弗森说,"利维坦"不是一个国家,也不是一个统治集团,而是资产阶级。我觉得这是不准确的。我怀疑霍布斯不一定会考虑到资产阶级。我讲课评述过霍布斯,并研究过霍布斯、斯宾诺莎、

洛克以及其他 17 世纪的政治思想家，但我无意写书谈论政治理论史，因而我很少写到他们。我对马基雅维里感兴趣是因为我关注一元论这一哲学传统首先是在什么时候和怎样被反对的。我读克罗齐的书，我觉得他有点保守，他关于马基雅维里的论述是错误的。我总搞不清楚 61
为什么克罗齐能如此深刻地支配意大利的理智生活。据我了解，这种支配地位在别处是没有过的，没有谁能比得上他，对此我深感惊讶。每一位现代的意大利著作家，不管写什么题材的都觉得必须要把自己跟他的关系说清楚。反对克罗齐的人，也感到必须要说清楚反对的理由。当然克罗齐是个多面手著作家，他谈论过形而上学、史学、美学、马克思主义和其他许多东西。但是他比不上一些重量级的思想家，比如斯宾诺莎、莱布尼茨、康德甚至黑格尔，也比不上诸如胡塞尔、维特根斯坦、罗素、威廉·詹姆斯这些 20 世纪的哲学家。

贾：您把霍布斯的政治理论放在什么地位？

伯：这个问题我看太笼统了。机械分类是毫无意义的。

贾：您什么时候开始关注霍布斯？

伯：我当学生时读过霍布斯和洛克的著作，就像读笛卡尔、康德、威廉·詹姆斯的著作一样。

贾：您认为霍布斯是现代意义的思想家吗？

伯：在一定意义上他对当前的世界还有影响。我觉得，历史是呈螺旋形运动的。过去的一些思想家今天还会引起人们的兴趣，是因为他们曾论述过跟今天相似的状况。在 19 世纪没有人对霍布斯有太多的关心，因为在维多利亚女王时代的英国、19 世纪的法国、美国、意大利甚至德国，社会状况跟霍布斯的观点不相干。在 17 世纪，保护人身安全是霍布斯谈论的事情之一。当时人们害怕死于暴力，而在英国，17 世纪死于暴力的可能性比约翰·斯图亚特·密尔时代要大得多。而 20 世
纪在政治上则比较接近 17 世纪。这个世纪，大规模的暴力斗争，极权 62
国家的兴起，暴行以及对个人生活的威胁，甚至比 17 世纪还严重。因

此,霍布斯在现代又重新引起了人们的兴趣。过去某个时期的东西到后来某个时期往往引起人们的关注,这是再自然不过的了。现在人们对第三世纪的雅典不感兴趣。是因为那个时期雅典的问题距离我们太遥远了。克罗齐这个观点是对的:任何真正的问题在某种意义上都是当代的问题。霍布斯描述过权威主义国家,强调法律但又缺乏合法的改革途径。服从于国家的理由是它给国民提供安全的保护。人们对死亡、伤害、不安全的恐惧超过了一切。所以在法西斯国家或其他极权主义国家,老百姓服从命令的原因就是恐惧。人们之所以拥护墨索里尼,因为他们害怕无政府状态,害怕工厂被工人占领,甚至像克罗齐或托斯卡尼尼这些自由主义者也对墨索里尼有好感,虽然他们很快就后悔了。担心无秩序是霍布斯的主要动机。也正因为如此他反对舆论尤其是宗教信仰的多样化。宗派就像国家政治内脏中的蠕虫,必须把它们清除掉。

贾:所以霍布斯是一元论的思想家?

伯:绝对是,他的一元论色彩比其他任何一个一元论者都强烈。我说一个你感兴趣的笑话。我曾经以为,苏联是霍布斯所主张那种类型的国家,因为它有苛刻的法律。但是霍布斯没说所有法律都必须是苛刻的。看来我的想法并不对。有人以为霍布斯容忍残暴和压迫,其实他并不希望如此。霍布斯主张要有严格的法律,但仅仅是出于维持公共秩序的需要。这好像有那么一个人,他以为自己会变得不受管束,以
63 为自己会发疯,于是便自发地穿上专供疯子或犯人穿的那种紧身衣。他相信把那种衣服穿上,自己就会得到保护。这又好比一个闹钟,你调好它,在你可能醒不来的时刻响起来。如果你以为自己会失去控制,你就发明一种机器,这机器就是"利维坦",它的功能就是能自动地抑制你。霍布斯的学说,就是这种自我限制的机械论。顺便说一下,1946 年或 1947 年吧,我去巴黎,在那里我碰到非常有趣的思想家亚历山大·科热夫。他是我见过的最风趣、最理智的人之一。那时他已经是一位

重要的法国财政官员[1]。我们谈到斯大林。我记得我对他说："很遗憾我们对古希腊的智者们了解太少。我们关于他们的知识大部分来自他们的反对派——柏拉图和亚里士多德，这就像我们只从苏联教科书了解伯特兰·罗素的观点。"科热夫说："噢，不是那样，要是我们只从苏联教科书了解伯特兰·罗素的观点，我们可能认为他是一个严肃的哲学家！"我们还谈到霍布斯和苏维埃国家。他说苏维埃国家不是霍布斯所主张的那种国家。他指出，一旦人们意识到俄国是一个不重视农民和贫苦工人的国家，他就会明白这个国家为什么难以控制。俄国确实令人可怕地落后。不仅在18世纪，直到1917年依然很落后。谁要改变俄国，不对它伤筋动骨一番是不行的。在一个有着严刑酷律的社会，比如有一条法律——荒谬绝伦——规定所有人在下午三点半钟时都要头顶地面倒立着，为了保存性命，所有人都得服从。而对斯大林来说，这还远远不够。斯大林更进一步，他要把他的臣民揉成面团，然后捏成他
所需要的形状，人们不能有习惯，也不能有规矩，否则就不会听任其摆 64
布。如果你谴责有人破坏他们并没有破坏的法律，如果你控告有人犯了他们并没犯的罪，如果你指责人们做了他们甚至无法理解的事——那么，他们就任人揉捏了。谁也不知道自己处在什么地位，谁也不安全，因为不论你做什么或不做什么，你都可能遭殃。这造成了一种真正变幻莫测的状态。只要你有了这种面团，你就可以随时改变它的形状，要什么形状就有什么形状。其目的就是要使任何东西都处在不稳定状态。科热夫是个机灵的思想家，他描述斯大林时也是很机灵的。霍布斯所设想的法律是，如果你服从，你就能生存。斯大林所需要的法律是，不管你服从不服从，你都会被处罚，总之你没有安全保障。违法或

① 亚历山大·科热夫1902年生于莫斯科，1968年死于巴黎。他在1928年带着德国哲学博士的头衔来到巴黎，1933年到1938年在高等职业学校教书。战时他是抵抗运动(一个战斗小组)成员。1946年他担任财政部对外关系处长。他关于黑格尔的讲演在法国思想界，尤其是对乔治·巴塔耶和雅克·拉康及其他知名思想家有重大影响。

守法都被惩处(其实,那样的法律并不存在),没有什么东西能挽救你。只有从这种被动的面团状态中挣脱出来,回复到真正的人的状态,你才有前途。科热夫说,他写过信给斯大林,但没收到回信。我想,他大概把自己当成黑格尔而把斯大林当成拿破仑了。他是容易耽于幻想的。

贾:我不知道霍布斯的著作有没有俄文译本?

伯:有的。霍布斯的俄语译名叫戈贝斯。苏联人写的哲学史对霍布斯评价很好,因为他是一个唯物主义者。斯宾诺莎也获得称赞,因为他也被认为是唯物主义者,真是太荒谬了。坏的思想家有莱布尼茨、洛克、贝克莱、休谟——个个都是唯心主义者。黑格尔不受谴责,完全是因为有马克思。费尔巴哈也不受谴责,毕竟列宁读过他的书。

斯宾诺莎和一元论

65 **贾:**让我们谈谈斯宾诺莎吧,您觉得他怎么样?

伯:我认为斯宾诺莎是一个彻底的一元论者。他坚持单一性,以为多样性不能引导人们通向真理。他的政治理论在某些方面像霍布斯。依据他的观点,你必须执政,为了执政,一个理性的人可能要做一些不太光彩的事情。斯宾诺莎是一个惊人的意志坚强的政治思想家。

贾:与霍布斯相比,斯宾诺莎好像认同民众拥有较多的权力。

伯:是的。但是他也相信权威。当然他赞成思想自由和言论自由,而霍布斯不赞成。有一本论述斯宾诺莎的书,是美国一位前马克思主义者写的,书名叫《斯宾诺莎和自由主义》,就是这样说的。但是,斯宾诺莎不是我特别感兴趣的理论家,因为他太理性主义了。他的《伦理学》倒是一本了不起的著作,充满深刻的洞察和高尚的情感。他的论述整个来说是非历史性的,关于人类存在永恒真理的见解,我很难相信。

贾:笛卡尔或莱布尼茨也是同样的吗?

伯:莱布尼茨的确是一个不可思议的全能型的天才。还有,莱布尼茨已经谈及属于偏向性而不是必然性的原因，我觉得，本质上那就是伊壁鸠鲁说的原子的偏斜运动。当你承认在僵硬的因果联系中有例外的情况，认同不可分的单子有多样性，那么你就不再是一元论者了。

贾：“在一切可能的世界中现存世界是最好的一个”，对于这一说法您觉得怎么样？

伯：那是莱布尼茨在解释为什么世界是现在这个样子时说的。他说，如果世界曾经比现在好，他将无法理解；如果世界曾经比现在简单，它一定粗糙得多。上帝在最美好的世界和最简单的世界之间来个折 66
中。这不过是一句风趣的解释。莱布尼茨只是相信，上帝对所创造的一切有充足的理由，没有什么是不合理的或多余的。《老实人》中的邦格罗斯博士①是一幅杰出的漫画，没有谁比伏尔泰更善于讽刺了。

贾：因此您认为莱布尼茨不是跟斯宾诺莎一样的严格的唯理论者？

伯：莱布尼茨是一个严格的唯理论者，但是他赋予人较多的行动自由和选择自由。斯宾诺莎是一个僵硬的决定论者，莱布尼茨不是。

贾：您觉得莱布尼茨是个乐观主义的思想家吗？

伯：是的。但是，莱布尼茨是用有机的发展术语来思考，而不是用机械的或几何学的术语来思考。在他看来，实体“承担着过去与未来”。他的学说是一种演化的学说。这跟斯宾诺莎不同。斯宾诺莎拒绝变化和演化，没有历史感，他认为一切问题的正确答案任何时候都有可能想出来，遗憾的是没有做到而已。莱布尼茨则有一种历史的绵延感，相信每一时刻又有各自的特点。斯宾诺莎提倡的是一种永恒的唯理论，处在虚空中，任何一种观点在任何时候都可能产生。自黑格尔之后世界上还有谁相信这种看法呢？

贾：黑格尔深受斯宾诺莎的影响，对吗？

---

①　邦格罗斯博士是伏尔泰哲理讽刺小说《老实人》中的一个人物，是莱布尼茨哲学信条的代言人。——编注

伯：我觉得，黑格尔受亚里士多德的影响比受斯宾诺莎的影响更
67 深。斯宾诺莎对黑格尔的影响是有的，但是，18 世纪的斯宾诺莎学说不等于斯宾诺莎自己的学说，赫尔德的斯宾诺莎，歌德的斯宾诺莎，都不等于斯宾诺莎本人，狄德罗的斯宾诺莎也同样如此。在德国思想家中，斯宾诺莎的世界观已转变成一种有活力的泛神论；“神或大自然”变成近乎神秘化的教义，变成一种罗曼蒂克的态度，已经远离了斯宾诺莎那干巴巴的见解。

反启蒙运动：约瑟夫·德·迈斯特和埃德蒙·柏克

贾：让我们回到您的《反潮流》这本著作，尤其是其中一篇论“反启蒙运动”的文章。您认为反启蒙运动对欧洲思想的发展有什么贡献？

伯：反启蒙运动对欧洲思想最大的影响是确信科学和理性并不能解决所有的问题，对于一些焦点性的价值问题——伦理的、审美的、社会的和政治的问题——可以有不止一个的正确答案。旧的信念是，对任何一个问题，有且只有一个正确答案。我们可能找不到这个正确答案，可能因为太笨，努力不够，设备不好，先天不足或其他原因。但是，只要是真正的问题，必定存在一个正确的答案。如果我和你都找不到，总有一天什么人会把它找到。也许伊甸园里的亚当知道答案，天使们大概也都知道答案。如果他们也不知道，那么只有上帝知道了。无论如何原则上答案必定是存在的，找到答案的某种正确的方法也必定是存在的。还有，我们也许不知道正确的方法是什么，那么，有些人求助于圣书，有些人靠天启，有些人问神父，有些人精于计算与实验，有些人相信“民声即天声”，还有些人回到质朴的农夫或小孩子般的贞洁无瑕的心灵（如卢梭）。为了找到正确的方法，还得借助正确的途径，于是，
68 有人便发动可怕的战争来拯救灵魂，以防止它受虚假的信念毒害。反

正找到正确答案的某种方法总会有的。等到所有问题的所有正确答案都找到以后，你就要把它们排列起来比较比较，因为一个正确的命题不能跟另一个正确的命题相矛盾——这是逻辑真理——这样才能实现和谐协调。这是一种拼图式的解决办法。在有关价值的问题上，一旦你拥有了那种可以找到一种美好的生活方式的观念，你就知道怎么样去生活了。这就是一元论的观点。反启蒙运动打破了这种观点。反启蒙运动开始于18世纪的德国，在那里人们喜欢哈曼的说法："上帝不是个数学家而是个艺术家。"依据哈曼的看法，不把握《圣经》的精义便不能找到问题的答案。他认为，你一旦怀疑法国唯理论者或百科全书派哲学家的伦理学说，你就会注意到，他们的公式太抽象太笼统了，根本不能解决生活中令人苦恼的问题。赫尔德也陈述过关于反启蒙运动的意见。他说："每一种文化都有自己的重心。"这话的意思是，不同文明追求不同的目标，它们有权追求自己的目标。事实上，我们不是古希腊人于我们无损，我们不是古罗马人也不是一种耻辱。力图使我们像古罗马人那样会歪曲我们固有的本质。我们有我们的情况，他们有他们的情况。亚里士多德是他们的亚里士多德，莱布尼茨是我们的莱布尼茨。我们不能回复遥远的过去。我们追求真善美，但跟中世纪土耳其人所追求的不一样，他们生活在一个不同于我们的社会，面对着由此产生的可能不为我们所了解的困惑，这一切跟我们的生活和目标毫无关系。

贾："反启蒙运动"这个词是谁发明的？

伯：有个美国人写了一本探讨"反文艺复兴"的书。我不知道"反启蒙运动"这个概念是谁发明的。该有人先说过这个词吧。难道是我 69
自己？哎呀，真奇怪。大概是我先说的。我确实记不起来了。

贾：您在论述反启蒙运动的文章中，较之柏克、迈斯特或博纳尔，您好像更关注维柯和赫尔德这些思想家的思想。这是不是因为您认为维柯和赫尔德不受反动的偏见和对平等友爱的仇恨所影响？

伯：我有一篇论迈斯特的长文很快就会发表（《扭曲的人性之材》，

1991）。他是一位不讨人欢心但很有才华并对启蒙运动持批评态度的著名思想家。我之所以关注维柯和赫尔德，从根本上说，因为我是一个自由的理性主义者。启蒙运动的价值，也即伏尔泰、爱尔维修、霍尔巴赫和孔多塞这些人所提倡的东西深深地感动了我。他们也许太褊狭，对人类的经验事实往往也会判断失误，但是他们是伟大的解放者。他们把老百姓从恐怖主义、蒙昧主义、狂热盲目以及其他荒谬绝伦的精神枷锁中解放出来。他们反残忍，反压迫。他们跟迷信无知以及许许多多败坏人们生活的勾当进行了一场胜利的战斗。因此，我站在他们一边。但是，他们是教条主义的，他们的做法也过分简单化了。我之所以重视对他们这些启蒙运动思想家的批评意见，是因为我想，理解反对意见能磨炼我的鉴别能力，机灵和聪明的论敌常常能挑中启蒙运动思想中的谬误和错误的分析。我更乐于读那些对启蒙运动挑错指瑕从而增进见识的抨击，而不想看那些简单地重复和捍卫启蒙运动思想的老生常谈。你知道，一而再，再而三地强调某些批评意见，比如约翰·斯图亚特·密尔反对霍布斯是对的，萨哈罗夫是一个比列宁更高尚的思想家，赫尔岑说的很多东西比马克思说的还要正确，等等，也可能令人厌
70 烦。如果你相信自由原则和理性的分析，就像我这样，那么你应该考虑有什么反对意见，你的结构在哪里出现破绽，你在什么地方走错了路：论敌的批评，甚至执迷不悟的对立观点，也可能揭示真理。爱如同恨一样能磨炼鉴别能力。我不赞同更不欣赏那些启蒙运动的敌人的观点，但我从这些言论中学到了很多东西。他们有些中心概念，推理水平，特别是他们有些政治推论，看来是不准确的，有时甚至是非常错误的。

贾：柏克怎么样？

伯：柏克是一个重要的批评家。跟赫尔德一样，他认为传统的力量和价值在于造就人。柏克批评法国大革命的言论很锐利并且有预见性，直到现在才被多数进步的社会批评家所接受（有时他们并不承认）。我们不能因为他的现代崇拜者的某些极端言行而责备他。有些思想家

的观点日后某一天会被人利用,我们绝不能责备这些思想家。责备黑格尔导致纳粹主义是荒谬可笑的,但确实有人这样做,迈斯特就这样认为。其实,迈斯特之于 Action fran Çaise[法国行动]较之黑格尔之于纳粹要更接近一些。伟大的 18 世纪的自由主义者相信,使人们正确生活的办法是靠教育和法律,也就是靠胡萝卜加大棒的政策。胡萝卜是诱惑,大棒是强制。爱尔维修认为,恰当地运用奖赏和处罚的手段来规范人们的行为就能改良社会,像驯养猎犬和海豹那样。人们一旦养成教育者所信奉的正确的生活习惯,那就万事大吉了——幸福,和谐,人人献爱心,个个乐融融。但这跟康德的人的个性观相矛盾,也跟我所相信的人的自由相矛盾。像训练动物和管教小孩子那样来塑造人,在逻辑上会走向奥古斯特·孔德……一旦你知道要做什么,即动用劝说和压 71
制的手腕,这就否认了基本的人权——首要的是选择权——缺乏选择的自由意味着人性的丧失。

贾:所以,您认为马克思与迈斯特这两个思想家很相似?

伯:当然不相似。相反,马克思离爱尔维修那样的思想家更近一些,尽管他认为爱尔维修忽视经济因素是错误的。这些 18 世纪的思想家,跟马克思一样,都是决定论者。但是,在马克思看来,他们不考虑技术发展的后果这个最重要的因素(圣西门考虑到了),不懂得一切历史都是阶级斗争的历史,所以不能把事情处理好。马克思主义者认为,百科全书派的哲学家犯了经验主义的错误,但原则上却是正确的:他们是真正的先行者。普列汉诺夫,这位俄国最杰出的马克思主义者和优秀的著作家,对社会主义思想史的研究是从百科全书派开始的,然后才叙述到圣西门、傅立叶、洛贝尔图斯和拉萨尔,再到马克思、恩格斯和他自己的观点。在普列汉诺夫看来,迈斯特是一位暗淡无光的思想家,所以普列汉诺夫不重视他以及其他天主教的评论家。但是,迈斯特揭露了朴素的唯理论和唯物论的缺点。对于迈斯特和爱尔维修,只接受某一方很不好,两方都抹杀也不好。双方的书都该读。同样,既要读柏克的书,也要读托马斯·潘恩的书。[1] 这样的学习才有收获。在政治学和伦理学中,最坏不过的是狂热地固执着少数简单的观点(尽管是至理名言),作为放诸四海而皆准的钥匙。

贾:这样,依照您的看法,以维柯和赫尔德这样的思想家为一方,以迈斯特和柏克为另一方,尽管双方都是反启蒙运动的思想家,但存在着
72 严重的分歧,对吗?

伯:对,尽管双方在批判一种不妨称之为"乐观主义的一元论"的问题上十分相似。维柯认为,存在着不同的文明和不同的价值标准。在赫尔德看来,那是不同的环境、不同的起源、不同的语言、不同的爱好和不同的志向。如果你承认对同一问题可以有一种以上的并且都是正确的答案,这本身就是伟大的发现,它会导向自由主义和宽容。这跟迈斯特的观点是格格不入的,而且又回到马基雅维里了。没有谁比马基雅维里更反对自由主义了,可看似悖谬的是,他的学说打开了通向宽容的大门。有时候人们的所作所为往往背离了其初衷。迈斯特是个权威主义者,罗伯斯庇尔也是如此。他俩走得太远了,他们的观点通向(就迈斯特而言是可能通向)可怕的专制政治。你一方面读维柯和赫尔德的书,另一方面又读迈斯特和柏克的书,你会发现,双方都说了些真理,而双方的真理却是相互冲突的。当各种不同的真理或根本的价值相互矛盾乃至不可调和时(对不起,黑格尔,调和是永远不可能的),为使某一真理或基本的人生目标不遭受压制,进而避免在某些条件下出现可怕的专制政治,那么,就必须实行宽容的妥协,尽管这么做令人不快,说起来也不那么好听。但要做到这一点,就要使不同的生活方式经常保持各自克制的平衡。我对此深信不疑。但是这种想法不能鼓舞年轻人。年轻人总好追求绝对,那样的话,迟早会碰得头破血流。

---

[1] 柏克以反对法国革命的《法国革命论》而闻名,潘恩则有与之针锋相对的《人权论》来为法国革命辩护。——编注

贾：您觉得柏克作为一个英国人对法国大革命的批评怎么样，这跟当今的思想状况很有关系，对吗？

伯：当然有关系。柏克认为，一切事情都是由传统决定的。他是一个基督徒，相信人们必须听命于创造万物并使之按一定规则运作的上 73
帝的律令。人们必须依照事物运动的基本趋向来调整自己。想要以抽象的观念和理想的名义来颠覆根深蒂固的传统，这是一种徒劳的、危险的、在道德上错误的想法。这种思想如果发展下去，势必否认根本变革的可能性。另一方面，柏克也说过一些高明的话。他说，有人认为可以发现所谓纯粹的人性，认为如果把文明和艺术一层层全部剥掉，就可以洞察"自然的人"，即不多不少地体现一切人在任何时候任何地点都共同具有的真正本质的人，这种观点是错误的。以真正人性的名义（如卢梭说的自然之子，不受人的恶行、错误、艺术、科学和文明的败坏所扭曲的人性）进行革命是荒谬的、令人厌悟的。在柏克看来，没有普遍的人性这样的东西。艺术是人性的一部分，文明也是人性的一部分，传统的差异在于人自身的差异。事实上并没有那样一个核心，外表包裹着人造的外套，即人们创造的艺术、文化、习惯、观点、爱好、性格等等。人性是不断成长着的，不是静止不变的，也不是何时何地都保持同一，更不是等待着从日益增多的掩盖着恶习和缺点的人为的外套中解放出来的一个什么核心。

贾：那就是柏克严厉批评法国《人权宣言》的原因吗？

伯：当然是的。《人权与公民权利宣言》是法国大革命的一个最崇高的遗产。然而，我不能承认宣言中柏克和法国革命者曾经相信的诸如"天赋的不受限制的财产权是神圣的"这类内容。在今天的世界上， 74
我们视私有财产为最低限度的个人自由所必不可少的前提（这也是马克思主义的理论教导我们的），但是，我和今天活着的大多数人一样不会准备为资本主义制度而献出生命。在这个意义上我们超越了吉伦特派和雅各宾俱乐部的原则。

贾：迈斯特说过他在任何地方都没有见过所谓基本的人，由此可见他是接近柏克的，对吗？

伯：噢，是的，迈斯特很尊敬柏克。他是这样说的："我见过法国人、英国人、俄国人，孟德斯鸠又告诉过我们有波斯人，但是，人在哪儿？他是谁？我没见过。"当然，迈斯特是对的。维柯也说过类似的话。维柯否认有普遍的不变的人性，因此他不相信远古的野蛮人有存在心中或写在文字上的、比刻在黄铜上的更持久的自然法。提到柏克时托马斯·潘恩说过"他赞美羽毛却忘记了鸟"，也就是这个意思。古代的制度在我看来没有什么特别的吸引力。路易十五的制度并不比路易·菲力普的制度或第三共和国的制度好，它让出身高贵的人和富人享受特权，而穷人的苦难——远远超过了后世——是令人惊骇的。

贾：就哲学角度而言，您觉得您自己接近柏克还是接近托马斯·潘恩？

伯：两个我都不接近。我觉得我比较接近孔多塞，虽然他有时太简单化，在政治上也很天真。他以为一切问题都可以用科学方法来解决，他解决问题的处方就是计算，其实是不可能的。人的问题最终都包含
75 有矛盾，计算不能使人免除痛苦的选择和不愉快的结局。但是他的《人类精神进步史纲要》是一本令人感动的卓越的著作，他说的许多东西都是崭新的、正确的、重要的，我们对他还能有什么更多的要求吗？

贾：您同意孔多塞的进步观吗？

伯：不同意，但他的调子是对的，他对待人性的态度也是对的。他赞成启蒙运动，相信教育，推崇宽容，倡导种族和社会平等。他主张建立一个公平的社会。可是迈斯特反对他，说我们被告知要听从自然，这会导致稀奇古怪的后果。实际上，迈斯特所说的话并不荒唐。迈斯特说，哲学家认为自然界是一个和谐的整体，那么，如果你认真地研究一下自然界，你会发现什么呢？一个屠宰场！植物彼此倾轧，动物互相蹂躏，到处有暴虐现象，而最坏的动物就是人。同种动物之间一般不会互

相残杀,只有人类才互相残杀,没有什么东西能阻止人杀人,人是所有动物中最残酷的一种动物。因此,自然界不过是一个战场。迈斯特这些话也许说得太夸张了,但跟那些听从自然,认为自然是个和平、协调和美好的整体的论调相比,显得更为正确。把自然界说成是协调而美好的并不合乎事实。这就是我对迈斯特感兴趣的原因。正如我跟你说过的,我关心批评意见甚于关心我最赞成的那些革新家的主张。

维柯或一种新科学

贾:好吧,现在让我们谈谈一个革新家。您认为维柯的思想有什么重要意义,跟我们这个时代有什么关系?

伯:我来解释一下。我认为维柯是理解了并告诉我们什么是人类文化的第一人。他不自觉地确立了文化的观念。就我所知,在他之前没有谁有过这样的想法,要努力去重构人们是如何看待生活在周围环 76
境中的自己,如何看待(或感受)与自己发生关联的自然界和其他人——作为在时间中持续存在下来的一类生灵。他反思思想、情感、世界观等各类行为,以及肉体的、情绪的、理智的、精神的等多种反应的本质,而正是这些行为和反应构成了文化。如果你想了解人们怎样生活,你必须了解他们的崇拜仪式,文字的内涵,他们通常运用什么类型的想象、明喻、隐喻,他们如何吃、喝、抚养小孩,如何看待自己,如何过私人的、社会的、经济的和政治的生活,等等。这就是我所说的由维柯开创、赫尔德继续的事业。作为一种模式的文化不是一个孤立的有机体,而是一种存在方式,树立这种理念正是维柯对思想史的主要贡献——古罗马人的生活方式不同于文艺复兴时期罗马人的生活方式;罗马宗教和罗马法两者的相互关系还有很多东西要研究,这样做了,我们对罗马人的生活状况的了解就会比以前所料想的要丰富得多。

贾:您说维柯是反对决定论者、实证主义者和带有机械论观点的哲学家的先驱,为什么?

伯: 维柯不是一个首尾一贯的决定论者。他相信天意,天意决定我们的生活,但天意也赋予我们自由意志,虽然自由意志控制不了我们行为的结果(那还是全然由天意决定的)。他相信历史变化是循环的,而我认为这不是他别出心裁的看法,马基雅维里和波利比乌斯已经说过
77 历史是循环的,甚至柏拉图也有类似的看法,当然,那都不是维柯思想中令人关注的地方。维柯的值得重视的观点是:各不相同的人类思想、行为、感情和行动是互相联结和互相启发的。

贾: 您对于维柯的解读跟米什莱关于维柯的浪漫主义的说明有什么不同?

伯: 我觉得米什莱的说明也是对的。他认为维柯教导他的是,人的历史是群体——共同体——的历史而不是个人的历史。维柯不注意个人。米什莱按照维柯的思路,认为历史就是社会跟自然力量做斗争并力图运用自然力量去创造让人们能生存和发展的生活方式的历史。人的历史是跟自然界,跟各种力量,跟一切人为的和非人为的障碍进行斗争的历史,这就是米什莱关于人类从各种羁绊中朝向自我解放不断进步的观点。

贾: 维柯的历史主义观点跟贝内德托·克罗齐和柯林伍德的名字是连在一起的,对此您是怎么看的?

伯: 我不同意历史主义者们对维柯的看法。就维柯相信历史发展是循环的而言,他的思想中是有历史主义。但是,我认为克罗齐或柯林伍德对维柯的解读不准确,他们只是利用维柯的观点为他们自己的目的服务罢了。

贾: 柯林伍德自己也说过维柯实际上是远远超前于他的时代,但当时没能产生多大的影响。可见,您的看法跟他说的很接近,对吧?

伯: 他说得对,维柯是远远走在他那个时代之前的思想家。有些人搞错了,说维柯是他自己那个时代典型的那不勒斯的思想家。在这一

点上我同意柯林伍德的看法。不过，维柯的思想只是到 19 世纪才开始 78
被理解，他的地位是很晚才被发现的。维柯是走在时代前列的预言家，他是极少几个有着这样的浪漫形象的人，他是一个不成功的艺术家和寂寞的思想家，生前被冷落，后人才发现了他的天才。

贾：您在论文《科学与人文》中说，是思想家维柯第一次揭示了自然科学领域与人文学科领域之间的巨大的差别，对吗？

伯：对，维柯就是这么一个人。他说，人人都谈论自然界，而关于自然界我们知道什么呢？我们知道的仅是我们看到的、听到的、接触到的样子，却不知道事物为什么是这样子。关键问题是，就人类来说，我们能想象和洞察是什么原因使人想要他想要的东西。我们不知道桌子的成因，也不知道电能的成因，但我们知道人为什么有这样那样的感觉、思考、希望、恐惧、怀疑、窘惑、羞愧等等。狗没有悔恨的感受。就此而言，我们对狗是无法理解的。但我们能理解你的意思。即使我不使用经验的方法去确认你的表情或语言表示（实际是传达）什么意思，也能把握到你想说什么。我们能识别的这种“理解”跟科学或常识所说的“懂得”是不同的。这就是后来狄尔泰所说的“理解”不同于“认识”。你瞧，维柯第一个发现“理解”不同于对外部世界的认识。我们谈论自然界，但我们所知道的自然界仅是我们在外部世界所发现的东西。我们也看见和感触我们的身体，但我们还能说出它作为人之具体化有什么样的感受，这是一种“内在的”审视；人既是观察者，又是行动者。这就是“新科学”的大概意思。理解是对于意图、感情、希望、恐惧、努力、
意识和无意识的认识，而科学是对处在空间中的物体的认识。换句话 79
说，我们可以看见桌子是什么样的，但我们看不见桌子为什么是这样的。理解过去的文化就是去理解前人所追求的东西：他们怎样看待与他人发生关联的自己，怎样看待世界以及生活在这个世界中的自己。我们这种方法不同于物理学的方法，关键在于，使用这种方法，对我们自己的情况能够比对自然界的情况有更多的认识。对自然界，我们能

观察或操作而不能理解，不能像行动者那样从内部来把握。

贾：您在《维柯与启蒙运动》一文中指出，一元论与多元论之间的冲突成为贯穿维柯思想的中心问题，您考虑过在西方思想史上维柯是第一个多元论思想家吗？

伯：不。多样性的观念至少像色诺芬尼和希罗多德那样古老。17世纪和18世纪是一元论的世纪。维柯的贡献在于重视文化的进步，他从目的论角度而不是实证主义角度区分不同种类的文化，并把着重点放在差异性而不是相似性上，这正是他的多元论产生的根源。

贾：您同意不同意卡尔·勒维特的看法：维柯关于"真实的东西就是被制作出来的东西"的观点受到了阿奎那和托马斯主义的影响？

伯：我不同意。"真实的东西就是被制作出来的东西"，维柯的这个主张，不是受托马斯主义的影响而是受奥古斯丁的影响。奥古斯丁说，只有上帝充分知道他创造的东西。认识和创造是同一回事。上帝认识世界是因为上帝创造了世界。我们不认识世界，因为世界不是我
80 们创造的。维柯是一个天主教徒，他常在神职人员中活动，在政治上无疑属于那个时期反对启蒙运动的反动派。马克思主义者想否认这一点，仅仅因为马克思说过，就像他的学说点明了历史的变迁一样，维柯的学说指出了意识的进化。同样，托洛茨基也好意地提到过维柯，我记得是在他的《俄国革命史》第一页上说的。因此维柯在苏联获得广泛认可。但是，维柯本质上当然是一个持不同意见的天主教徒。他不是托马斯主义者，因为托马斯主义承认有与生俱来的关于自然法的知识，而维柯不承认这一点：他认为，人是通过学习掌握自然法的相关真理的，野蛮人不具有这些知识。

贾：如您写的，维柯至少有一个先行者，那就是库萨的尼古拉，对吧？

伯：对，库萨的尼古拉说过一些相似的话，我不大记得原话是怎么说的了，维柯倒没有提到他。

关于汉娜·阿伦特

贾：汉娜·阿伦特说过："被许多人尊为现代史学之父的维柯，如果在现代条件下可能不会专攻史学。他会转向技术，因为现代技术所起的作用正是维柯所设想的人们的行动在历史上所起的作用。"对此您有同感吗？

伯：她这种说法太荒谬了！当然，如果维柯生活在今天，他会重视技术，因为技术是现代文明进化的主要因素。今天凡是关心人类文明的人必定会考虑技术的发展。马克思揭示的一个千真万确的事实，就是技术因素对人们的生活、思想、行动，总之对人们的全部文化有着重大影响。当然这个意思在此之前圣西门已经说过，马克思主义者略过 81
了这一点。马克思注意圣西门，正如他注意维柯一样。毫无疑问，如果维柯生活在现代，维柯对技术发展给现代的文化带来的影响是有兴趣的。但是，说他对技术的兴趣会代替他对历史，对人类活动的各个方面，对历史运动的复杂的网络的兴趣，这只表明这位不同凡响的汉娜·阿伦特对他太不了解。我承认我对这位女士的观点太不尊重了。很多杰出的人士曾经欣赏她的工作，我不欣赏。

贾：为什么？

伯：因为我认为她没有进行论证，没有迹象显示她有严肃的哲学思考和史学思考。她写的东西全是乱七八糟的形而上学大杂烩，甚至句与句之间没有逻辑上的关联，也没有合乎理性的或可以想象的联系。

贾：您读过她的书吧？

伯：读过，因为有朋友向我称赞她，我读了她几本书。第一本是《极权主义的起源》。我认为她关于纳粹的论述对是对，但并不新颖。关于俄国人的论述大部分是错误的。后来我读她的《人的状况》，其论述看来以两个观点为基础，而两者在历史上都是虚假的。第一个观点是，古希腊人不尊重劳动而犹太人则尊重劳动。是的，在亚里士多德的笔下，古希腊的体力劳动者确实是不能(奴隶就更不能)创造真正的政治，因为他们没有受教育，没有闲暇时间，没有大人物们的广博见识，没有一点主动的精神，他们的生活和眼界都太狭窄了。看来柏拉图也不太喜欢无产者的思想，不太喜欢他们的生活方式。不光他们两人，就我所知，整个古希腊都没有哪位学者论述过劳动。在希腊神话中只有一个
82 年幼的波那丝是劳动神，而她把创造性的好的工作跟反复进行的确实不值得尊重的机械性劳动区分开来。虽然如此，但是，半人半神的赫拉克勒斯则不躲避从事最低贱的劳动——清扫牲口棚，勒死九头蛇。我好像记得她在什么地方说过，雅典的低级工人没有选举权。可是，苏格拉底得到的是葬礼上的纪念碑，而善于蛊惑人们的大政客克利昂是个鞣皮工匠。这就够说明问题的了。至于犹太人，他们并不真的尊重劳动。对他们来说，劳动是该诅咒的事。《圣经》说，因为亚当堕落，人们才必须“从眉毛的汗水中”谋生。犹太教法典《塔穆德经》教导说，你是一个体力工人，但有朝一日你也可能当上大教士，因此你要尊敬那些老师傅，他们是皮匠或木匠，干这样的工作不会有什么出息，但尊敬他们是必要的。在古代社会，如果你不必工作，那就是你的运气好。没有什么理由反对富人。希伯来人的预言家不谴责财富，只谴责富裕而有势力者所干的坏事。“你必须劳动”这种观念是基督教的一种教义。费希特和席勒赞颂劳动是一种创造性的行为，劳动者是将其人格注入原材料的艺术家。这与荷马、索福克勒斯、以赛亚、拉比阿基瓦[1]又有什么干系?

贾：汉娜·阿伦特实际上深受德国思想家的影响。

伯：她好像不受其他任何人的影响。据说她受海德格尔和雅斯贝

---

① 拉比阿基瓦公元50年生于罗马人占领的朱迪亚(今巴勒斯坦南部——编注)。他采用一种探本求源的方法来解读《圣经》并对“密西拿”加以系统分类。他死于公元150年。

尔斯的不少影响。但我看不出她写的东西明显地刺激了思想或启发了
什么人：奥登、洛威尔、玛丽・麦卡锡钦佩她，但他们从她那里学到什么
东西呢？就此我问奥登，他沉默了一阵便岔开了话题。玛丽・麦卡锡 83
编辑她死后出版的讲义，但从未说过自己从中获得什么教益，真是太奇
怪了。

贾：您读过她写的《作为贱民的犹太人》这本书吗？在对赫尔德的评价上，她跟您的观点颇相近。

伯：没读过。你说她跟我有相近的观点，真令我大吃一惊！

贾：您讨厌她是因为她不是一个犹太复国主义者吧？

伯：不。我第一次见她时她是一位狂热的犹太复国主义者。

贾：您什么时候见过她？

伯：1941 年，在纽约，在座的有我的朋友，德国犹太复国运动一位领导人——赫特・布鲁门菲尔德。阿伦特当时为一个设法把犹太儿童从德国运送到巴勒斯坦的组织在奔走。我觉得她那时百分之百是个犹太复国主义者。大约在十年以后我第二次见到她，这时她已在抨击以色列了。她完全有权改变自己的立场，我没啥可反对的。但她的意识形态的著作令我讨厌。伟大的犹太学者格肖姆・肖勒姆很了解她。他跟她有过激烈的论战。

贾：是阿伦特那本《艾希曼在耶路撒冷》的书吧？

伯：我无法接受她的邪恶之庸常性的观点了，我认为这书是荒谬
的。纳粹并非庸常之人。艾希曼深信他一生中做过的主要事情是对
的。我问过肖勒姆为什么人们钦佩阿伦特女士。他告诉我，任何严肃 84
的思想家都不会这样做。那些钦佩她的人只不过是会摆弄字母的“文
人”，他们不用脑子思考。在一些美国人看来，阿伦特反映了欧洲大陆
的思想。但是，肖勒姆声明，任何一个真正有教养的人和严肃认真的思
想家都不会与她为伍。这正是肖勒姆的看法，他在 20 年代早期就已了
解她了。

身为今日之犹太人

贾：您认为您自己是犹太复国主义者吗？

伯：我当然是犹太复国主义者。我不是改宗而成为犹太复国主义者,这甚至可追溯到我的小学生活。在俄国时我父母都不是犹太复国主义者,而我信仰犹太复国主义是再自然不过的了。我认为我是正确的。我很早就意识到犹太人在各地都是少数派。对我来说,世界上每一个犹太人在一定程度上都是不安全的。即使犹太人被当地人友好地对待,被真正“整合”进当地社会,朋友遍地,他们还是感到不安全,总是存在着某些社会的不安全感。我认为没有一个国家的犹太人觉得平安无事,由于老是惦念着“我该如何看别人”和“他们会怎么看我”这类问题,心一直放不下来。波斯人不在意土耳其人如何看他们,中国人也不在意印度人如何看他们。歌德是一个伟大的德国诗人,生活、爱情、悲伤、物景、科学、观点、思想,统统都可以是他写作的题材。因为他是一个德意志人,一个伟大的德意志民族的诗人。海涅也是一个德国诗人,但他主要围绕成为一个德国人是怎么回事来写作。那是因为海涅没有被德意志人充分地接纳,有些人对他是个犹太人感到不舒服。尽管海涅改宗了基督教,但他仍然会因为自己是犹太人而惹麻烦。这样对比是很能说明问题的。海涅谈论的是德国人和德国。德国作曲家菲利克斯·门德尔松也同样皈依了大日耳曼主义,他复兴了巴赫和路德宗的
85 音乐,使得后来的舒曼和勃拉姆斯觉得没必要重新创造德国音乐的传统。我觉得,必须有这样一些地方,在那里犹太人不会被迫时时意识到自我,住在那里的犹太人并不觉得必须完全被同化,不必刻意强调自己对当地文化的贡献,他们完全能够过正常的不受人注意的生活。犹太复国主义的目的就是正常化,要创造条件让犹太人能够像一个民族那样生活,跟别的民族一样。前面我说过的亚历山大·科热夫跟我说过:

“犹太人有着令全世界都倍感兴趣的历史,可是现在他们希望什么呢?希望建立一个诸如阿尔巴尼亚的小国家吧,多可悲啊!”我说:“对于犹太人来说,有一个像阿尔巴尼亚那样的国家,已是大大改善了。在罗马尼亚有60万犹太人被纳粹像绵羊那样杀害了。但这些人曾力图逃跑。但是,在巴勒斯坦有60万犹太人并不因为隆美尔快打到了他们的家门口而逃离。这就有所不同。他们认为巴勒斯坦是他们自己的国家,如果他们不得不死,他们也要为自己的国家而死,不像被捕捉的动物那样死去。”这就是我的看法。但我并不主张犹太人都要离开现在他们所在的国家。如果他们不介意当少数派的话,那是正常的。当少数派并没有什么不对。有些人觉得少数派是一种不安定的成分(比如,T. S. 艾略特,或者影响了他的那些要求少数服从整体的法国人,就是这样看的),实际上少数之于多数常常是一种有价值的刺激因素,是一种酵母,是新事物产生的源泉。但是没有人将被迫成为少数派。如果你不想属于少数派,想过正常的生活,那么,只有在一个这样的国度——在那里,国家的文化就是你们自己的文化——才有可能完全实现。必须开创这条道路。

贾:您认为以色列国家的建立解决了犹太人问题?

伯:就单个的犹太人而言,没有解决问题。这不是个人问题,而是政治问题。以色列深感自己不安全。他们当然面临着许多问题,有些
问题很严重,但是他们对自己的血统感到很自在。这就是我的看法。 86
他们为此付出了代价,结果看来是值得的。甚至美国的犹太人,因为支持以色列,跟30年代相比,他们在美国也少了一些当外国人的感觉。希腊人有希腊,德国人有德国,同样,犹太人也有了一个祖国,在巴勒斯坦,在耶路撒冷。从心理上讲这是一个替代的祖国。大多数波兰的犹太人不觉得自己的根在波兰。如果犹太人没有真正的地理上的根,他们就用想象的根来安慰自己,这是一种通过非殖民化来实现巨大的心理自我转型的活动。

贾：您想去以色列定居吗？

伯：这对我来说太晚了，因为我不能流利地说希伯来语。我太老了，跟我现在的生活方式难以割舍。去以色列时我感到自由自在，没觉得我是一个外国人。在以色列，尤其不觉得自己是犹太人，在英国，我还是觉得自己是一个犹太人。我既不为自己是犹太人而骄傲，也不为自己是犹太人而羞愧。我就是我自己，好也罢，坏也罢。有些人有黑色的头发，另一些人有褐色的头发；有些人是犹太人，有些人是威尔士人。对我来说，做一个犹太人就像有两只手、两只脚，实际情况就是这样的。以色列是一个国家，我跟那里的居民有自然的亲缘关系。但我仍完全忠于英国，忠于牛津大学，忠于自由主义，忠于以色列，忠于许多我视为志同道合的其他机构的成员。

贾：您如何看待以色列问题？

伯：以色列在政治上有许多重大问题。我认为现在的以色列政府犯了可怕的错误。我不是沙米尔先生、沙龙先生或贝京先生的支持者。我觉得他们在文化上、道德上、政治上和物质上都极大地损害了以色列。

87 **贾：**您认为必须跟巴勒斯坦人和解吗？

伯：当然要和解。和解是对的，不是不必要，而是迫在眉睫的事。要努力达成积极的妥协。要理解反对自己的人，这是赫尔德教导我们的。

赫尔德和社会观

贾：您在论文《赫尔德和启蒙运动》中说，赫尔德在他形成自己的历史理论之后20年才读到维柯的《新科学》，为什么您认为维柯和赫尔德两人的观点惊人地相似？

伯：关于他俩的关系有各种假说。我觉得这些说法并非都令人信服。有个名叫切萨罗蒂的人读了维柯的著作,并写过对奥西恩[1]和荷马的评论,这样,赫尔德通过他谈到过的切萨罗蒂,就能获得维柯对荷马的看法。这是得克萨斯州的克拉克教授的假设。后来,我发现有个叫康特·卡莱皮奥的意大利人(当然他有了解维柯思想的第一手材料)跟瑞士学者博德默有通信,博德默写过德国的传奇和民间故事。博德默和布勒丁格等人复活了对《尼伯龙根之歌》和原始诗歌的普遍兴趣。他们研究原始歌谣和据说是野蛮人的文学。这也可能是沟通赫尔德和维柯的一道桥梁。还有牛津大学希伯来语教授劳斯。他说《旧约全书》是犹太人的叙事诗。这是一种新见解,赫尔德曾表示同意。但是,维柯与赫尔德的直接见面从未正式实现。我说过赫尔德第一次提及维柯是在他阐述自己的历史观的二十年之后,而他的历史观在1773年或更早一 88
些时候就有相当完备的形态了。这是歌德把维柯的《新科学》的抄本交给雅可比之前好几年的事情。由此看来,如果说维柯对赫尔德有影响也不是直接的,至少是经过其他学者为中间环节的。不管怎么样,"影响"这种关系总是很难追踪清楚的。但是,他俩的观点如此相似,的确是令人惊讶的。

贾: 您说过,"赫尔德的社会观主宰着西方思想,但是其影响程度往往没有被认识清楚,因为,它非常深刻地渗透到日常思想的方方面面"。这是不是赫尔德被当代思想家忽视的主要原因?

伯: 我想是的。赫尔德不是被忽视就是被攻击。他往往被看作德国民族主义之父。有些反民族主义者认为他预兆着费希特、黑格尔、俾斯麦、卢格、德意志皇帝,以及最终是纳粹主义。赫尔德的确最先强调,人的根本需要是归属于某个共同体,这种需要如同吃喝、温暖和安全的需要一样强烈,但是他强烈地反对帝国主义和民族主义。有些哲学家将从前没有明确地感受过的基本的心理事实,只认作是后来所描述和

① 奥西恩(Ossian),传说中3世纪爱尔兰的英雄和游吟诗人。——编注

表达的那样，因而成了引起争论的问题。比如，黑格尔就可以被说成是指出了人们有得到承认的需要，即人们希望别人认可自己的地位、需求、性格这些作为单个的独立实体的特性。我不愿意你把我看作附属品，好像我是你的奴隶似的；我要求享有你自己也要求享有的权利。显然，承认是人所需要的。当然，如果你用恰当的方式向希腊人或罗马人提出要求，他们会懂得你需要什么。但是，对于这个道理，还是黑格尔
89 在关于"承认"中说得最清楚。至于赫尔德，大家知道，人是属于族群的，被驱逐出族群是痛苦的——这不是什么新观点。但就我所知，是赫尔德最先说明归属于共同体是人的一种本质的需要。可能他强调得过分了，先见者往往把事情说得很过分。但他深深理解了这个基本的需要。在他看来，"归属于"的意思是，你说什么，不必多做解释，大家就能了解；你的姿态、语言、所有参与交流的因素，不需经你熟悉的人做介绍，大家都能把握。记得我有个朋友是巴尔干来的，在英国已经住了四十年。他跟我说："寂寞并不意味着你离群索居，真正的寂寞意味着你说什么别人都不理解。"这真是个敏锐的洞察。当然，在一定程度上对远隔时空的人的了解，不同于跟住在一起的人正常交流的那种直接的自然方式的了解。这就是为什么赫尔德说，是语言、习惯、姿态或本能的反应创造了联合和团结，即创造了具有自己特色的观点、文化和社会共同体。葡萄牙人吃饭、喝酒、走路、说话、起床的方式和他们的法律、宗教、语言以及一切我们称之为典型的"葡萄牙人的"东西，具有特定的模式，形成"葡萄牙风格"，它与德国人的相应的行为格格不入。也可能有这样的情形，葡萄牙的法的概念或历史概念跟德国的法的概念或历史概念两者彼此相似，但是基本上分属不同的生活方式。但不管这两个国家的生活方式多么相似，葡萄牙人在德国总找不到家的感觉。乡愁是所有痛苦中"最高尚的一种痛苦"。是什么造成了家庭、环境、社会和民族的变动，赫尔德深刻地影响了对这一问题的思考。比如，犹太人和南斯拉夫人之所以直接地或间接地深受赫尔德的影响，那是因为他

用最清楚的语言说明了这些人的认同感，那是以前的某些理论家，也许
只是被遗忘了的维柯和被冷落的孟德斯鸠所强调过的。 90

思想史：一个寂寞的学科

贾：说到寂寞，您觉得您是一个寂寞的哲学家吗？

伯：作为一个哲学家我不寂寞。在牛津大学教哲学时，我是一个哲学家团体的成员，我们都有共同的语言，讨论相同的课题，我参加很多活动。自然我以某种方式批评过我们这个哲学团体的实证主义倾向，但我属于这个团体。后来我的兴趣改变了。在英国学术圈中，思想史不时髦，我确实在理智上变得有些寂寞。我能够与之谈论思想史的人不多。英国人对这个学科不大感兴趣。也许思想史不能使那些宣称自己的思想已被广泛接受的人感兴趣，所以他们不费心去了解自己思想的历史。法国人仍然确信法国思想是普遍地有重大意义的，法国文化差不多就是文化本身，不被法国光辉照亮的人简直是不幸的人。可是，他们有思想史，尤其是政治思想史和社会思想史，有《从博丹到孟德斯鸠》《从孟德斯鸠到卢梭》《从卢梭到圣西门》，以及论述列奥·布尔茹、饶勒斯、萨特等人的书籍。比方说，假设你是 19 世纪一位有教养的秘鲁人或印度人。有教养意味着你至少听过（即使没有读过）亚当·斯密，也许还有边沁——你如读过当然更好。当然，约翰·斯图亚特·密尔、柏克、卡莱尔、达尔文、斯宾塞、巴克尔甚至罗斯金都算是主要的英国思想家。英国人对 19 世纪的主导思想做出了重要的贡献，不管你接
受不接受。关于德国人，你该知道有黑格尔、马克思和尼采，也许要加 91
上叔本华。关于法国人，你该知道有卢梭、米什莱、丹纳，也许（不是必需）还应加上勒南。可是，关于英国思想史方面，就我所知，一本像样的书都没有。当然有一两本在技术意义上论述英国哲学的书，但是对于一般的思想史——从培根到霍布斯和洛克，再到柏克和休谟，从休谟到

密尔，以至罗斯金、纽曼、阿诺德、托尼、罗素——则只有专题论文。关于这些人之间的连续关系完全是空白。我知道出版过一本（我忘记时间了）无名小辈写的小书谈到一些思想史的情况，谁也没重视。我并不是说，关于一个国家的思想的历史——从思想家到思想家的联系——必定就是值得写的书。这样的书往往偏向于超越个人的思想，忽视个人思想的重要性。库诺·费舍尔写的德国哲学家的历史（从康德到费希特、谢林和黑格尔）就不值得看。德国人有他们称为“精神史”和“思想史”之类的东西，这还是有意义的。法国人也是这样。美国大学开设有“美国思想史”这样的讲座。而在英国我怀疑有没有两三个学者在搞这方面的研究。就因为这个缘故，我感到寂寞。没办法。在我们英国，思想史是一个被忽视的角落，我只能在这个角落尽力而为。恐怕我这
92 是短问长答了。

第三次对话

政治思想：时间的检验

接受委托或候车

贾：您曾经比拟您自己是一个没收到委托便没活做的裁缝，而我觉得您的论文并非纯粹是机遇的结果。您觉得您很接近于您研究的思想家吗？

伯：不，不纯粹是机遇，我不是让干什么就干什么。我拒绝的委托比接下来的要多。我经常考虑怎样研究维柯和赫尔德。我写关于维柯的论文，起因于我接受驻伦敦的一个意大利机构的邀请。我认识这个机构的负责人，他请我做一个有关意大利问题的讲演。我喜欢意大利，喜欢意大利人。我对自己说："为什么不做呢？"但是，意大利第一流的思想家不多，除了马基雅维里、维柯和克罗齐，还有谁呢？帕多瓦的马尔西利奥？庞波那齐？帕雷托？这些人比得上笛卡尔、莱布尼茨、康德或维特根斯坦吗？所以我选择维柯这位深刻的有独创性的思想家，他的才华到死后很久才得到充分的评价。

贾：您不认为但丁是一个思想家吗？

伯：我不太懂宗教哲学，不过，但丁的《帝国论》肯定是一篇有重大意义的政论。在这个意义上，马斯格利奥和贝卡里亚也是重要的思想家。在启蒙运动时期和 18 世纪有不少意大利思想家。但是，仅就哲学 95
领域而言，要算维柯最有独创精神，米什莱和索雷尔称赞他是个天才。我一开始读维柯的著作简直就被他迷住了。我想我可以说一说他。开头我是在牛津做关于维柯的讲演，至于在伦敦做的维柯讲演，我记得是用意大利文在罗马写成的，然后才用英文打印成论文。我对赫尔德的研究大体上也是这样。我被邀请去巴尔的摩市的霍普金斯大学做讲演，他们说想听听历史哲学方面的东西，我就谈赫尔德的著作，因为那时我对欧洲民族主义的起源感兴趣。事情就这样开始了。我总是从接受邀请做讲演或写文章开始研究的。

德国人的耻辱感

贾：您在论述赫尔德的文章中把他描绘为一个早期的充满激情的多样性的鼓吹者和一个单一性的反对者。您能否说得更明白一些?

伯：好,我再解释一下。赫尔德理论的核心观点是民族传统和文化传统的广泛多元性。他不是民族主义者。有人指责他是民族主义者,又有人称赞他是民族主义者,这都不对。当他说“民族”和“民族精神”时,人们应理解为民族文化,而不是政治上的自我确证,即使那是对法国人居高临下地对待德国人的一种反应。我认为,发端于德国的浪漫主义运动来自德国人的惯常的耻辱感,他们在巴黎低人一头。我有一种成见(这可能不对,多数成见都是不对的),我的意思是,德国人没有
96 真正的文艺复兴运动。我相信你在德国历史学家的著作里找不到有关德国文艺复兴运动的资料,我想确实是那样的。我给你解释一下吧。如果你于1500年游历欧洲,比如,从里昂到维也纳,你会发现法国(即使在南部各省)有着高度发达的文化,有许多诗人和画家。在意大利,正值光辉灿烂的文艺复兴的高度繁荣。如果你到德国,你会看到丢勒、格吕内瓦尔德和其他杰出的画家,还有罗伊希林及其朋友等著名的学者。好,现在假设你于1600年再度游历欧洲。在法国,你会看见高蹈派诗人和自由思想家,看到很多人在读蒙田和拉伯雷的作品。在低地各国,你会看到不少很有才华的画家。在英国,有莎士比亚、马洛、培根及其他许多精英人物。在西班牙有塞万提斯、埃尔·格列科、委拉斯开兹和洛普·德·维加。在意大利有手法主义者、伽利略、托里切利,还有,乔达诺·布鲁诺在这一年作为一个异端分子被烧死。在瑞典和波兰也有新的文化在兴起。但是,在维也纳和德国,这一年有些什么呢?几乎没有什么可以回忆的。具有独创性的天才人物仅有在丹麦和慕尼黑的开普勒,而当时有谁听说过他呢?或者,又有谁听说过西里西亚的补鞋

匠雅各布·波墨呢？第一个受人尊敬的德意志人是天才的作曲家海因里希·许茨，其次可能是阿尔特胡修斯（阿尔塞姆）。而德国真正的振兴是到后来有了莱布尼茨的17世纪。这只是一个简单的对比。一般人都以为，造成德国文化落后的原因是三十年战争。但是，在三十年战争中意大利也被法国入侵过，而它仍然能保持文化的繁荣。打败仗不一定会阻止文化的发展。当然，那时德国也还有诗人，可是在许多方面德国都是落后的国家，比不上法国（那是最优秀的），也比不上西班牙、英国和意大利。

贾：宗教改革对德意志文化的兴起起什么作用？

伯：这个问题不知道怎么说才好，我不是历史学家，但我有一种印象，宗教改革在德国好像是流产了的文艺复兴。就算德国在1470年至 97
1510年有过一场声势浩大的进步运动，而到1580年还有没有？到1600年还有没有？都没有了。不是有阿尔特胡修斯，有开普勒，有波墨吗？是的，但仅靠他们形成不了一场文化运动。如果我问你为什么文艺复兴运动会在佛罗伦萨最先发生，你会给我说明原因。你会告诉我，佛罗伦萨是一个繁荣的城市，贸易发达，宗教衰微，世俗文化兴旺，等等。但是，即使你在1350年了解了这一切，你仍然不能预言15世纪和16世纪意大利文艺复兴运动有多大的规模。历史的解释可以说明某些东西——比如，大致的轮廓，潜在的可能性——但不能预见基本的历史模式。历史事件不是按照先有A后有B再有C这样的方式发生的，就像在马克思和黑格尔的学说中所设想的那样。我不知道德国文化落后的原因是什么。也许是宗教改革运动，在尼德兰也有宗教改革运动，却有大画家、天才的艺术家、著名的法理学家，有伊拉斯谟及其追随者。这真是有点神秘莫测。即使在波兰，那个时期也有很多文化成果，比如用拉丁文写的诗歌。至于在西班牙、法国和英国，那个时期文化事业的繁荣景象简直令人难以置信。所以，我想到与巴黎的权势和傲气形成鲜明对照的土里土气的德意志的谦卑，这是一个重要原因。对外来文化霸权的反应通常是相同的：首先，你感到自己处于劣势，然后你开始模仿先进国家，再然后你反对模仿，质问自己，为什么我们要模仿别人，我们也有我们自己的文化呢。这就是今天在非洲各国发生的事情。德国人对法国文化第一次真实而强烈的反感集中表现为路德教派之一的虔信主义。这是一种深刻的思想运动。虔信派信徒起劲地说："让法国人有他们的绘画、音乐、建筑吧，让他们温文尔雅的教士在沙龙里跟贵妇人高谈阔论吧。所有这一切都是垃圾，毫无价值，无聊透顶。唯一真实的东西是精神，是人与上帝的关系，是人与人的关系，别无其他了。内在的精神，个人的灵魂的底蕴，内心世界，这是唯一实在的东西，至于礼节、学问和教阶制度，统统不在话下。"这样，虔信派教徒拒绝了基督教
98 会的清规戒律，随之就是一场深刻的宗教改革运动，巴赫、康德、赫尔德、莱辛和哈曼等人都是在这一环境下成长的。那个时期，大多数德国学校教师和大学教授都深受虔信主义的影响，深受对内在性内心生活的追求（宗教的或世俗的）的熏陶。赫尔德是在这种熏陶下成熟起来的思想家中最典型的一个，这特别表现在他宣称每一种文明都有自己独特的精神——它的民族精神。这种精神创造一切，理解一切。

赫尔德、民族主义和犹太复国主义

贾：有人把赫尔德称为民族主义思想家，而您认为赫尔德的民族主义不是政治性的。您认为，赫尔德所说的好社会比较接近梭罗或蒲鲁东的无政府主义，而不是接近费希特、黑格尔或政治上的社会主义者的理想，对吗？

伯：不，他是一个民主主义的、反帝国主义的民粹主义者，是俄国和中欧民粹主义激进分子的先驱。他愤然拒斥征服者的价值观，批驳了一个民族优于另一个民族的观点。"我的民族比你的民族优越"，这是侵略性的民族主义的思想根源，赫尔德认为这个命题是荒谬的。每一

个民族都有各自独立发展的充分权利。他乐观地相信，人类大花园中
的所有花卉都能和谐地生长，各种文化都能相互激励，为创造这种和谐
的境界做出自己的贡献。其实，历史上发生的实际情况并非如此和谐，
赫尔德不可救药地陷入盲目乐观主义和唯心主义的泥潭。赫尔德绝不
主张政治上的民族主义，其必然导致侵略和培植民族自豪感，他痛恨这
些东西。他谴责的反面人物大致有亚历山大大帝、恺撒和古罗马人，因 99
为他们践踏其他民族的文明，比如小亚细亚的文明。犹太人活下来了，
但只有迁移到他们的故土，也就是巴勒斯坦，他们才能作为一个民族重
新振兴。赫尔德主张和平，跟喜欢战争的蒲鲁东不同。但是，你说得
对，因为赫尔德接近那些相信历史倒退的人，他反对一切形式的集权，
所以他憎恨奥匈帝国，因为奥匈帝国硬把分散的、各不相同的民族拼凑
成一个人为的联合体。他反对腓特烈大帝，因为他派遣法国官吏去提
高东部德意志的经济生活水准，而这些法国人常常傲慢无礼地对待被
他们视为未开化的当地普鲁士人，导致东部德意志爆发了反法运动；赫
尔德就是这场剧烈的反法运动中的一个牺牲品。

贾：说起民族主义，我想，在您看来，民族主义是一种意识形态，它认为在社会生活和生物有机体的生命之间存在着某种相似性，是吗？

伯：不对，我不同意这样比喻。做这种个体和团体之间的类比可能导致危险的谬见，尤其是把社会比喻为生物有机体会把民族主义误解为非理性的、兽性般的东西，这是让人不可容忍的。当然，民族和社会也有自己的成长和壮大过程，但这仅仅是比喻的说法。民族不是一个生物有机体，民族的特性是很不同的，它的肌体是语言的、历史的、心理的东西。

贾：您说过一个社会的集体感情受伤害而造成的痛苦是民族主义产生的必要条件。

伯：是的，那也是一种比喻。这种伤害意味着一个民族或一个群体在遭受别的民族或群体的军事征服或其他某种压迫和不公正待遇时而

遭到羞辱。这种态度常常会导致我称之为民族主义的反应——一种痛
100 苦的“扭曲的树枝”的现象,枝条被压弯,势必反弹。但黑格尔所使用的这个生物学比喻往往会导致可怕的误解。

贾: 比如黑格尔说的民族精神?

伯: 不,民族精神的比喻是无害的,而且体现了一个重要思想。这个词是赫尔德发明的,不是黑格尔。在赫尔德看来,一个民族不是一个国家,而是一个文化实体,同一民族的人说共同的语言,生活在共同的地域,有着共同的习惯、共同的历史和共同的传统。赫尔德没提血缘或生物性的传承及其他任何遗传因素,他从根本上反对一切种族主义思想。

贾: 您出于什么考虑认为民族主义在当前欧洲人的思想中仍然具有生命力?

伯: 民族主义是当今世界上最强大的运动之一。19 世纪的预言家们有过很多预言,可是偏偏没有预言到民族主义的兴起。他们相信民族主义正在衰退。他们以为,诸如奥匈帝国、沙俄帝国甚至英帝国和法帝国一旦败落,组成这些帝国的各民族就能和平地建立他们自己民族的自治政府。马志尼也有近似于赫尔德的思想,他也不考虑种族。不知道他读过赫尔德的书没有,我不太清楚赫尔德的书是否被译成意大利文,法文本是有的,是埃德加·奎尼译的。依我的看法,强烈的民族主义不过是耻辱心理的表现。高度发达的民族不会产生民族主义。民
101 族主义是对伤害的反应。比如,英国八百年来没有遭受过外来侵略或严重的失败,所以,当英国的民族主义形成之际,并不十分强大。英国的沙文主义是当统治衰弱可能导致帝国丧失的时候产生的。在法国,1870 年的失败引起强烈的民族主义。其实法国早在 19 世纪中期就有民族主义,只是到 70 年代和 80 年代,随着巴莱士、莫拉和“法国运动”的出现才变得强烈起来。德雷福斯事件是普法战争失败引起的耻辱心理的稍后结果。在路易·菲力普统治下,多的是民族自豪感而不是真

正的民族主义。在法国革命期间，法国人说“我是一个优秀的爱国者”，这不等于“我是法兰西民族优秀的成员”，而是“我相信自由、平等、博爱，这是我们革命的国家的光荣而高贵的理念”，这也意味着“我拥护我们国家宣布的美妙的解放思想”，而不是“我为我的法兰西血统和种族而骄傲”。

贾：您怎么看像费希特这样的哲学家的理论中的民族主义？

伯：费希特确是变成了一个强烈的民族主义者，也许这是对拿破仑征服的反应。费希特所奉行的那种民族主义比同时期法国存在的民族主义要强烈得多。费希特是政治上浪漫主义的先驱，民族主义则从浪漫主义中产生。

贾：您认为民族主义的存在会不会危及当今世界的民主制度？

伯：当然会。民族主义对一切事物均构成威胁。民族主义就等于我们对自己说，因为我们是德国人或法国人，所以我们是最优秀的人，我们完全有权做我们要做的事。一旦你把一切行为的根据放在民族这个超越个人的权威上，那就会扩展到政党，到阶级，到教会，通向压迫的 102
道路便从此打开了。

贾：犹太复国主义也是一种民族主义感情吧？

伯：也是。很不幸，今天的犹太复国主义发展成了这样一种民族主义的形态。犹太复国主义原来的内容是非常文明的，符合赫尔德的思想。犹太人只不过追求一种犹太人的生活方式，它不一定由宗教所支配，而是一种由许多安全纽带维系的社会团体。犹太人希望有这样的组织，在这样的组织中，他们能够作为一个共同体自由地发展，不必担心受压迫和被歧视。犹太复国主义就是这样开始的。赫茨尔创立犹太复国运动时所想建立的不过是一个像法兰西第三共和国那样的资产阶级民主政体。他不希望偏离这个目标。如果你读他的《犹太国》这本书，你就会看到他说的体制是近似于欧洲资产阶级民主制的。当然你可以说赫茨尔在气质上是一个浪漫主义的民族主义者，抱着救世主式的使命而采取自由主义的理论。我的朋友魏茨曼博士是第一任以色列总统,他并不是那种意义上的民族主义者。一个人可以是爱国者而不是民族主义者。

贾: 到后面我们再谈魏茨曼,我们继续谈赫尔德好吗?你说他是一个反殖民主义和反帝国主义的思想家,您在他与马克思之间确实发现有类似之处,对吗?

伯: 他俩也只在这方面有类似之处。不过,赫尔德在历史上不是第一个反殖民主义的思想家。在法国早已有“黑人之友联合会”①。这是
103 一项人道主义任务。但在这方面赫尔德和马克思两人也有不同。对马克思而言,欧洲以外的殖民地人民还没有真正进入成年状态,他们是资本主义帝国主义的牺牲品。他考虑到殖民地人民,完全是因为这些民族的反抗可能引发像爱尔兰或印度的革命。但是,就我所知,马克思从来没有考虑这些殖民地人民也应有自己的国家政权,共和制的,议会制的,等等。赫尔德则主张民族独立和民族解放。他相信殖民地民族必定能够创立自己的文化实体。而按照马克思的理论,文化是西方的。没有证据表明马克思承认在西方文化外还有任何真正的文化。中国,在马克思心中比在伏尔泰心中要遥远得多。

贾: 您觉得赫尔德醉心于研究犹太人的生存问题的原因是什么?

伯: 部分原因在于他是个教士,他懂希伯来语,了解希伯来诗歌。其次是他对集权破坏独立的民族文化之前各民族群体的自我表达感兴趣。马其顿人对叙利亚文化的蹂躏,匈奴人、哥特人和汪达尔人对罗马文化的蹂躏都属这种破坏之列。现在,在赫尔德看来,犹太文化是一种非常丰富的、必须设法保存的典型的土著文化。这就是为什么他说我们必须了解这些犹太人怎样生活、怎样感受和怎样思考,了解《圣

---

① 1788 年由布里索创立,其目标是为解放黑人做准备。这个运动得到孔多塞和拉贝·格雷瓜尔等人的支持。

经》——那是他们民族的史诗。正如你没看见过强悍的水手在大海中怎样跟暴风雨搏斗，就不能理解挪威人和芬兰人的原始歌谣。赫尔德觉得这些原始歌谣是非常雄伟壮观的。这也正是他重视犹太人的原因。他希望所有弱小的文化实体都能生存和发展，不遭破坏。他说，把埋藏在古埃及木乃伊棺材中的种子去复种，三千多年了，这些种子竟然还能开花结果；如果你将犹太人“复种”在巴勒斯坦，那必定也会形成一 104
个民族。这不是对德国犹太人的同情，就像门德尔松主张的某种形式的民族整合那样，而是基于一种信仰，即犹太人对世界文化有他们自己的贡献，如果犹太文化被其他文化吞并了，他们便不能有所贡献。犹太人就是犹太人，不是德意志人。（我想，德国犹太人对赫尔德这一看法有意见。）

贾：而且，赫尔德责备犹太人没能保持强烈的集体荣誉感。

伯：对。他抱怨许多犹太人不迁回巴勒斯坦去。

贾：您为什么说赫尔德是个经验主义者？

伯：赫尔德是个基督教的教士，所以他相信基督教的教义，但那不是经验主义的。可就他的历史观而言，他只相信经仔细观察过的东西。他全心想弄清楚人们究竟是什么样的，因此他主张必须学会他们的语言，阅读他们的书籍，体察他们的忧虑、希望、想象和集体的观念。这也是一种经验主义。它不同于黑格尔所说的先天的东西。你知道，黑格尔懂得那种先天的认识，说任何民族对人类文化只能做出一次贡献，随后就会退出历史舞台。显然，他这种说法不符合中国也许还有印度的情况。

贾：在赫尔德看来，一切群体都有权按自己的方式过幸福生活；因此他认为，断言人人都要成为欧洲人是一种可怕的狂妄自大。您同意吗？

伯：同意，为什么会不同意？只要他们不互相开仗，不侵略别人，就应该让他们按照自己的方式发展他们自己的文化事业。我们看看美国

105 黑人吧。对黑人来说,民族整合也罢,民族自治也罢,都有很多难题。这跟英国的有色人种问题是相同的。在理论上我认为应该建立和平的、妥善整合的多元文化的社会,显然这是难以实现的。

贾: 断言今日世上人人都应成为现代人这也是可怕的狂妄自大吗?

伯: 那不一定。但是,如果人们想保护自己不受剥削,他们就要发展自己的强大的经济基础。我不认为在任何历史时期人人都必须掌握新技术,但是在任何历史时期人人都应该有新的精神。如果你能生产更便宜的食品,那你就应该生产。开历史的倒车总是灾难性的。比如,巴枯宁企图废除大学,因为他认为大学毕业生会以其所受教育而自以为了不起,他追求人人平等,希望人们不要轻视工人和农民,因此他想废除会促进智能不平等的机构。赫尔岑比巴枯宁理智得多,他说:"你不能阻止科学的进步。造成灾难的不是武器,而在于使用武器的人。"智能的进步是不能阻止的,人们所能做的是防止科学的滥用。廓清腐败的社会,荡涤一切污泥浊水,然后再向前进!这是1968年曾使青年学生无比激昂的理想。他们期望在社会向前发展之前扫除一切邪恶,毁掉整个旧社会,这既不可能也不值得向往。乌托邦只能以失败和痛苦而告终。

18世纪的相对主义

106 **贾:** 您同意赫尔德的相对主义吗?

伯: 我不认为赫尔德是一个相对主义者。我也不认为18世纪有相对主义者。我写过18世纪没有相对主义这样的论文。

贾: 但您在论述孟德斯鸠的文章中说他是个相对主义者。

伯: 如果我这样写,我是错误的。孟德斯鸠只是表示,波斯人的习惯跟法国人的习惯是不同的。在比萨我读过一篇文章,题为《相对主义对18世纪思想的贡献》,在此,我向你解释一下我在这个问题上的立场。不同文化有不同的理想。相对主义意味着你喜欢加糖的咖啡而我喜欢不加糖的咖啡,无法设定什么方法来确定谁对谁不对,因为口味各不相同,价值观也各不相同。对相对主义的异议之一是,这种命题本身不能被判定为客观的。相对主义不能被陈述,因为陈述相对主义的命题本身不能是相对的。你假定它是绝对真理,那么对于什么是绝对真理不同文化又有不同的看法。对这些文化而言,这些不同的看法便是最终的价值观。它们各不相同。但是,如果我充分发挥文化的移情作用,如果我理解了一种文化的重心所在(正如赫尔德要求我们所做的),那么,我就能知道生活在那种环境的民众为什么追求他们所追求的目标。进一步,我就能懂得,我自己在那种环境下可能怎样追求或者怎样拒绝那样的目标。这是持久的人类目标之一,并没有超出正常人的范围。我说的多元论也正是这个意思。相对主义者说“纳粹赞成集中营制度而我不赞成”,完了就不再说什么。而我的说法是:“如果我知道18世纪法国人为什么喜爱古典主义而德国人觉得希伯来文学或莎士比亚文学客观地更让人喜爱,那么我对双方便都能理解。”我比较偏向于我的看法。某些价值观不再有生命力并不能成为放弃为之奋斗的理由。熊彼特正确地说过,那些相信观念必定绝对不变的人是偶像崇拜 107
者。文明意味着必须允许变化的可能,意味着永不停息地去追求自己所信奉的理想,为之献身也在所不惜。比如,柏拉图和亚里士多德相信,人们天然地就生活在公共世界中,即在各种水平上参与城邦生活。他们的后继者(斯多葛学派、伊壁鸠鲁学派、犬儒学派和怀疑主义者)则不这样认为。这些学派主张探索个人自我完善的道路。古罗马的斯多葛主义者则力图把上述双方的主张综合起来。各种主张都彼此了解,即使它们之间也互相批评。各种观点全都落入理性动物的道德光谱之中:一个斯多葛派信徒可以进入柏拉图主义者的内心,理解他如何追求柏拉图的目标,而自己并不同意他的观点;这些观点、目标、生活方式并非是主观的,它们全都属于价值的集合,那使得我们能够跟生活方式与我们不同的人们，即生活在不同条件和不同时间的人们，进行沟通。相对主义者、斯宾格勒主义者、实证主义者、解构主义者，全都不对。不同的个人、集团、文化之间可以沟通，因为人的价值并非无限地多；它们共属于一条地平线，即客观的常常又相互矛盾的人类价值，在它们之间必须进行（常常是痛苦的）选择。

道德与宗教

贾：您认为有普遍的道德准则吗？

伯：在一定意义上是有的。我理解普遍的道德准则就是大多数国家、大多数人长期以来都共同遵守的道德。对这些道德的认可使人们能够共同生活。如果你说普遍的道德准则就是绝对的道德准则，那么我就要问你“为什么它们是绝对的”“它们的根据是什么”，这样又会归
108 结为先天的了。如果你理解普遍准则是指这些准则的直觉的必然性，那么我认为我可以感受到这一点。如果你告诉我，别的什么人拥有某种不同寻常的观点、一整套直觉知识，除非它们不可理喻，否则我还是可以尽力去领悟这些人何以会有这样的价值，虽然我必须提防免遭这种文化的伤害——如果它危及我自己的文化的话。我认为，实际上人们的观点有着比赫尔德所相信的还要强的相似性，文化上的相互类似远远超出斯宾格勒或汤因比等人所认定的范围，但是相似和类似不等于相同，各种文化仍然是不同的，甚至还是互相矛盾的。我非常清楚，我没有发现绝对道德准则的能耐。列奥·施特劳斯说有绝对道德准则，因为他相信有人称之为“理性”的那种官能。在法国革命期间有人说理性是永存的。施特劳斯的理性发现了绝对价值，我很羡慕他。不巧的是我没有这种理性，不知道你有没有。有了这种官能对生活中的重大问题就能给出绝对正确的答案。

贾：在康德的意义上可不可以谈论普遍的道德准则？

伯：可以，但是，我们怎么能知道什么是正确的，什么是错误的？对此康德没有做过令人信服的解释。我们能分辨善恶对错自然是因为我们按照一套道德法典来生活，有些人称之为良心。我们绝大多数人都是依据我们通常视为颠扑不破的原则来生活的。但是，在康德看来，这不是一个经验命题，道德法则是由理性揭示的，它在经验领域之外即感官知觉之外起作用，它是一种特殊的“本体”功能，与现实世界无关，只显示关于上帝、灵魂和不朽的真理——这就是康德所说的话。那种功能的本质，对我而言就像对别的很多人一样，是很难领会的。康德信奉基督教而且是个虔信派的教徒，正因为这样，康德构想出一个超验的世 109
界。我自己感觉不到有这种既在现实生活之内又超越现实生活的实在。我不是宗教徒。但我对信教者的宗教体验评价颇高。我深深地被犹太教堂也包括基督教堂和伊斯兰教寺院中的宗教仪式所打动。我想，不理解信教是怎么一回事的人恐怕也不理解人为什么而活着。因此，我觉得，干巴巴的无神论者都是瞎子聋子，不了解人生的深刻体验，或者说不了解人生的内在底蕴，就像瞎子不能欣赏美景一样。光有感觉能力的人不能充分理解他人，包括信教者、不信教者、神秘主义者、儿童、诗人、艺术家，等等。有理性和经验还不够。当你被一件艺术品深深地感动时，很难说这是一种经验。一切经验当然都是感性的，而这种经验不是你能加以证实或实验的东西。你不能说你所欣赏的艺术品是真的还是假的，是实在的还是不实在的，你只能说是崇高的、混乱的、美丽的、深刻的或浅薄的，等等。如果你问我“深刻意味着什么？”我可能答不上来。我们使用许许多多词语，我们懂得它们的意思，而要问它们意味着什么，不见得都能加以解释。就拿“深刻”一词来说吧。为什么我们说帕斯卡尔较之罗素、维特根斯坦较之艾耶尔是更深刻的思想家？因为他们能触动我们的神经，一下子使我们恍然大悟。有些东西虽然也属于我们日常生活中习以为常的经验，或司空见惯的事物，但我们平常都熟视无睹。休谟也不是一个无神论者，尽管他在《自然宗教对话录》中指出，反方（奇迹是不存在的）的论证较之正方（奇迹是存在的）更为有力。他是个不可知论者。他去巴黎的时候，受巴龙·德·霍尔巴赫的邀请出席一个宴会。他问霍尔巴赫：“巴黎有没有无神论者？”
110 霍尔巴赫说：“有二十三个，他们现在就坐在你的周围。”休谟吓了一大跳。

休谟和英国哲学

贾：现在就让我们谈谈休谟和英国哲学。首先说说您的论文《休谟和德国反唯理论的源头》。您觉得休谟对旧唯理论的批判比康德更具毁灭性吗？

伯：是的，我认为休谟的批判更有毁灭性。因为休谟相信习惯，相信人人都有通情达理的信念，而不相信所谓无可置疑的普遍性的命题。他在政治上是一个保守分子，是一个托利党党员，而不是辉格党党员。他认为没有绝对的教条。他反对克伦威尔，也反对只相信先天原则的柏克。休谟是个大胆的、有高度创造性的哲学家。他的认识论是有缺陷的。我看他的原子论，他的知觉论、记忆论和想象论，都不正确。但是，在政治学和伦理学上他提出了一些重要的令人鼓舞的观点。

贾：这就是为什么哈曼等反启蒙运动的德国思想家转向休谟以建立他们自己的立场？

伯：是的，在哈曼等人看来，休谟是有用的，即使他们讨厌休谟。

贾：为什么哈曼讨厌休谟？

伯：因为休谟是一个经验主义的哲学家。他不相信神秘的启示，也不相信哈曼的世界观。依照哈曼的看法，一切事件都是神秘地发生的，上帝通过《圣经》，通过大自然，通过历史，向我们说话。哈曼还认为，异教徒和坏蛋也有用，因为这些人也会说出一些可资利用的真话。他借
111 用休谟反对形而上学的观点作为武器来反对休谟的朋友。休谟说他自

己不能证明物体的存在，仅仅相信它是存在的，虽然很不情愿地相信。哈曼则认为，如果你相信的是一张桌子，为什么不相信上帝呢？

贾：英国哲学与其说受洛克的影响不如说受休谟的影响，对吧？

伯：不，英国哲学也受洛克的影响。为什么你认为英国哲学家对洛克不感兴趣呢？

贾：英国哲学家也许更多提到的是休谟哲学而不是洛克哲学。

伯：不。英国哲学一般来说是从培根开始的经验主义哲学。由培根到霍布斯到洛克。洛克的经验主义不是表现在宗教观和伦理观，而是表现在认识论上。接着是贝克莱，他当然是信奉上帝的，在某些方面他不是经验主义者。但是，在外部世界的命名这个问题上，贝克莱还是个经验主义者，这跟休谟和 J. S. 密尔的看法一样。后来英国哲学界出现了对黑格尔的反动。接着便是有独创精神的哲学家伯特兰·罗素，他受摩尔的影响而反叛他自己早期信奉的黑格尔主义。摩尔是新经验主义的创始人。他的研究不是从拒斥黑格尔主义开始的。摩尔只不过是说："在你着手建筑这些庞大体系之前，让我们先弄清楚这些砖头是用什么东西制造的。"经过这样缜密的考察，他得出的结论是，所有这些重大的命题都没有坚实的基础。摩尔是个诚实的非常严格的思想家，他说服罗素相信我们所看到、听到、触到、嗅到、尝到的一切东西，归根到底，就是我们对外部世界一切认识的基础。

贾：因此，您认为休谟不处于英国哲学的主流地位？ 112

伯：不，他处于主流地位，洛克和贝克莱也处于主流地位，各有不同而已。他们代表了经验主义的不同类型。

贾：让我们回到"理性"的问题吧，您说过您不相信"理性"。

伯：我从来没有说过我不相信"理性"。我只是不理解有些哲学家所谓的"理性"究竟意指什么东西。他们说的"理性"好像是某种魔眼，能看清经历不到的普遍真理。

贾：您是指那些相信用理性方法能证明各种规范和价值的人？

伯： 不仅是那样一些人，而且还有那些相信对某些规范的永恒真理性有直接知觉的人。

贾： 但是，如果不相信这种理性证明方法，人们又怎么能建立各种规范和价值呢？

伯： 你不是为它们做证明。规范不需要证明，而正是规范被用来证明其他东西，因为规范是最根本的东西。问题是"你怎么得到这些规范？"有各种各样的规范，人们直接就可发现自己的生活方式中包含某些特定的概念、范畴和信念。这是"事实"（de facto）的陈述，不是依据"法理"（de jure）的陈述。你可以说，所有文明都区分善与恶、真与假，由此可知，实际上这是人类普遍性的事实，不是什么理性认识的先天形式。

人 权

113 **贾：** 在各种类型的政体中，人们偏好民主制，其根据是什么？

伯： 根据是人权这个信念。

贾： 那是普遍性的。

伯： 当然，但不能说那植根于理性的洞察。如果你问我们为什么信奉人权，我可以说，因为人们要想能够彼此相处地生活下去，那是唯一正当的，甚至是唯一让人能够容忍的方式。如果你又问我什么叫正当的方式，我可以说，那就是我们认为人们应该追求的唯一的生活方式，如果人们不愿互相毁灭的话。那都是普遍真理，但并不意味着有什么永恒不变的东西。我不能担保有什么东西是永远不变的。

贾： 但是，当您谈论人权的时候，您谈的是一种先天的自然权利。

伯： 当然是的，这就是为什么我否认它。

贾： 您不是否认人权吧。

伯： 我不否认人权，我否认的是那些先天地开列出来的自然权利。

我热烈地信奉人权。人权是从大量我们所接受的其他东西中得出来的，但那显然是先天的东西。当然我不否认人类的行为和人类的活动有普遍性的原则，没有这些原则就根本不可能有正当的社会。别再问我正当是什么意思了，我说的正当就是正当——我们大家都知道那是什么意思。如果你告诉我有朝一日我们将拥有一种不同的文化，我不知道其反面是什么东西。

贾：所以，您认为什么样的政治哲学也不能接近“完美的理性”那样的境界。

伯：我认为不存在对所谓永恒原则的非经验性的直觉的认识，那只不过是一般的人的信念而已。 114

威尔第、斯特拉文斯基、瓦格纳

贾：现在让我们谈谈威尔第，您在《反潮流》①中研究过他。

伯：威尔第不是反潮流的，我把论述他的文章放在那个论文集里也许不恰当。

贾：他也许不反潮流，而您把他看作一位典型的赫尔德式的音乐家。

伯：他不反潮流，他是意大利的民族主义者。他拥护马志尼以及意大利的文艺复兴。他认为意大利不应受奥地利人统治。他的歌剧《纳布科》是直接反对奥地利人的。

贾：就因为这样，您认为人们应该了解威尔第的政治观点才能理解他的音乐作品，对吗？

伯：对，了解他的政治观点有助于理解他的歌剧的精神。光听演唱是不够的。我觉得，人们在欣赏艺术作品时必须理解它的中心思想，不

① 《威尔第的素朴》（1968），重印于《反潮流》。

仅欣赏作品本身,而且要懂得创作者借助作品传递了什么信息。以《弄臣》为例。在《弄臣》中有两个主题:一个是父亲和女儿的关系,这是主要的;另一个是对肆意妄为而残忍的文艺复兴时期的王公贵族们的憎恨。雨果的戏剧是抨击可恶政权和荒淫无度地践踏自己臣民的暴君的。因此,《弄臣》表明了共和主义和人道主义这两个中心思想。如果
115 你不懂得这一点,那么你对《弄臣》的理解便只限于音乐成就。后来,乔纳森·米勒导演(一个很有天赋的人)把《弄臣》改编成故事片《黑手党在纽约》,我不大喜欢,因为一个黑手党徒勾引另一个黑手党徒的女儿,很不同于曼特公爵勾引一个可怜的弄臣的女儿,前者没有社会蕴涵,后者有社会蕴涵。威尔第对社会不正义是极为反感的。

贾: 您在什么意义上说威尔第是素朴的?

伯: 在席勒的意义上。席勒区分素朴与感伤。感伤并不是多愁善感。素朴的艺术家自然地创作,他不受悲剧性的无序的生活重负所困扰,不像那些企求在宗教、民族主义或社会主义中寻求个体拯救的人们,他不企求在艺术中获得拯救。在这个意义上,威尔第就像一个抱着他那个时代的朴素而强烈的道德观念的天才的能工巧匠,没有悲剧性的自寻烦恼。他是一个了不起的作曲家、一个非凡的天才,他用天生自然的方式创作,就像荷马、莎士比亚也许还有歌德那样。

贾: 为什么您认为威尔第是音乐史上最后一位素朴的作曲家?

伯: 我是这样说过,看来不太确切。最后一位素朴的作曲家也许是布鲁克纳。爵士乐又怎么说呢?爵士乐大概都很素朴,但我受不了那种音乐,所以我不谈它,我欣赏不了爵士乐。席勒说素朴,他是指艺术作品隐藏了艺术家。当艺术家完全融入他的作品时,你不必了解他的生活就能理解他的作品,作品本身已经说明了一切。感伤的艺术
116 家——波德莱尔、马勒、瓦格纳和兰波等人——可不是这样。

贾: 为什么您特别喜欢威尔第而不是俄罗斯的作曲家?

伯: 因为他是个伟大的作曲家。我觉得他是用本原的情调表现本

原的人类激情的伟大的作曲家。俄罗斯也有许多杰出的作曲家，有三个人的确很伟大：穆索尔斯基、柴可夫斯基和斯特拉文斯基。你看还有谁？格林卡？里姆斯基-柯萨科夫？鲍罗丁？没有了。

贾：有，普罗柯菲耶夫和肖斯塔科维奇。

伯：不行。他们是优秀的作曲家，但跟斯特拉文斯基不在同一档次。正如多尼采蒂和贝利尼够不上威尔第的水准。斯特拉文斯基是真正的天才，是很有独创性的作曲家。

贾：您认识斯特拉文斯基？

伯：是的，我对他有相当的了解，有人介绍我跟他认识，以后就继续来往，处得很好。过去他常来伦敦举办音乐会，我就见过他。后来在纽约和威尼斯我跟他也见过面。有一两次他到牛津来看我。我认为他和勋伯格两人主宰着现代音乐。有趣的是，他们两人就同住在贝弗利山上，相距大约 30 英里，但从未会过面。那一定是故意的。

贾：您赏识当代音乐和贝尔格、韦伯恩这样的作曲家？

伯：当然是的。

贾：您觉得像瓦格纳和马勒这些德国经典作曲家怎么样？ 117

伯：我们不妨回到开头说说巴赫。要对这些人做比较那简直是不可能的。巴赫的作品好像日用的面包，那绝对是最基本的，人们永远不会吃腻了面包。因此我不会觉得听腻了巴赫的音乐。人们可能偶尔会因听多了莫扎特的音乐而厌烦。但是，你不能说巴赫比莫扎特伟大，或说莫扎特比贝多芬伟大。这些都是愚蠢的问题。最伟大的有独创性的艺术家是不能分等级的。我看舒伯特是最伟大的作曲家之一。我的朋友、大钢琴家阿尔弗雷德·布伦德尔帮我欣赏舒伯特的作品，尤其是其中悲剧性的成分。

贾：因此您就特别喜欢德国作曲家的作品？

伯：当然是的。我觉得瓦格纳是一个天才的作曲家。歌剧《尼伯龙根指环》我已经听过四次了。尽管我没觉得该剧富有同情心，那也是了不起的成就。如果你告诉我，我将永远不能再听瓦格纳的音乐了，我不会伤心的。但是，我把瓦格纳的成就看作欧洲文化（不仅仅是音乐方面）最优秀的表现，在他之后，西方无人能与之相媲美。

贾：您知道瓦格纳是反犹太主义者吗？

伯：当然知道。不幸他有这个污点，但这与他的艺术价值无关。重要的是他改变了西方音乐。他的音乐可以说是空前绝后的。他也从根本上影响了其他艺术。《瓦格纳评论》杂志不仅仅与音乐有关，也与文学及其他门类艺术有关。卢梭、马克思和瓦格纳等人都是使世界事物发生重要变化的人物，不管变好还是变坏，往往是好坏兼有。我们不能
118 不承认，在人类文化历史上确有一些伟人充当开辟新纪元的力量。

摩西·赫斯：犹太复国主义者

贾：您也说摩西·赫斯是素朴的。那么，您是在说威尔第是素朴的同一意义上使用这个词吗？

伯：我说摩西·赫斯是在通常意义上的素朴，不是席勒所说的素朴。他是一位善良的、仁慈的、高尚的、非常耿直的人，但也许过分简单了些。马克思和恩格斯等人嘲笑过他，挖苦过他，但觉得他有趣。他非常正派，从不说假话；而对那些有悖于他自己的学说和信念的东西，只要是真的，也从不隐瞒。所以我说赫斯是个非常正直的人。

贾：您为什么对摩西·赫斯感兴趣？

伯：因为他是犹太复国主义的先驱，而不是因为他有黑格尔的思想。他的黑格尔思想也很有趣，但在黑格尔思想的历史上他不算重要人物。

贾：他的观点很接近赫尔德，是不是？

伯：他写了一本著名的书，书名叫《罗马和耶路撒冷》。这书没有读者，特别是杰出的德国犹太人不读。有人浏览了一下，告诉他，他写

的全是废话。他写的是德国犹太人不喜欢的东西。比如，我隐隐地记得，他说："为什么德国人不喜欢你？不是因为他们不喜欢你的宗教、你的作品或你的经济行为。他们真正不喜欢的是你的鼻子，你的鬈发，因为他们认为你不是德意志人，而他们自己是德意志人，这是你不能改变的。"诸如此类。

贾： 您认为《罗马和耶路撒冷》是一本名著，只是语言过于陈旧，
是吗？ 119

伯： 是的。书里充满黑格尔式的语言。赫斯是在黑格尔思想的熏陶下成长的，他也很钦佩卡尔·马克思。他是个奉行马志尼路线的共产主义者和自由的民族主义者，而且终生不变，这真是奇怪的混合。但是，他最先理解了赫尔德的这个思想：人们独立自主才能有创造性，人们有自己的领土才能独立自主。人们不需要特殊的政治组织，有一个祖国就足够了。

贾： 黑格尔式的语言还是很常见的，许多哲学家仍然按这种风格写作。

伯： 都有谁呀？

贾： 我想起科热夫。

伯： 是的。但是，科热夫其实没写过多少东西。他在给列奥·施特劳斯的信中说，他的名著《黑格尔讲演录导论》是雷蒙德·昆诺听他讲演时做的笔记。当我问他是不是想给该书做些补充时，他说："这本书不是我写的，是人家的记录。我没什么意见，但我与它无关。"其实，他是在开玩笑。你知道，科热夫有点花花公子的气质，他常常才气焕发地调侃各种观点。

贾： 您认为黑格尔式的语言太陈旧了？

伯： 不陈旧，但是我认为不好。我是英国经验主义的产物。我太老了，不能改变了。赫尔德的文字很清晰，康德早期著作也写得很清晰，
但后来出了本《纯粹理性批判》。该书思想非常独特、深奥，所设置的专 120

门术语导致后来德国哲学文章犹如层层纠缠的密林，难懂，败坏了德意志的哲学语言，当然康德自己是力图把它说清楚的。在黑格尔之后，尤其是到第二次世界大战之后，德国和法国哲学家才抛弃从前苏格拉底沿用到后康德时期的那种文绉绉的写法，以便让大众读者都能看得懂。那种写法模糊不清，好像在黑夜中、在大海底下写作。现在，除了有些唯物主义者，柏格森主义者，实证主义者和少数现象学家，其他的思想家在列宁指引下全都抛弃了那种旧文风。

贾： 叔本华和尼采呢？

伯： 叔本华文笔优美，他讨厌黑格尔，避免受黑格尔的影响。尼采也同样。不过，后来他们两人都不在大学教书。

贾： 让我们回头继续谈谈摩西·赫斯吧。

伯： 你知道，他从不叫自己为摩西·赫斯，从不用摩西这个名字签名。他叫自己是莫利茨·赫斯，死后才被称为摩西·赫斯。《罗马和耶路撒冷》的作者不是摩西·赫斯，而是 M. 赫斯。

贾： 您在有关摩西·赫斯的文章中，说他十分关注民族主义问题，把民族主义看作国际主义的真正前提条件。在这个问题上您还把他跟马克思和迪斯累利区别开来。

伯： 没提到迪斯累利，只提到马克思。赫斯认为（马志尼也认为），真正的国际主义必须建立在各民族相互尊重的基础之上。要有国际主义就得先有各个民族。有鉴于马克思把人类，特别是把工人阶级看作单一的团体，赫斯和赫尔德认为各个民族之间能够也应该有密切的联
121 系，且能保留本民族的一体性和个性。马克思对此不感兴趣。他把所有人都分成工人和资本家两大部分以及他们的代理人和附庸。在对待自己的犹太血统问题上赫斯也将自己和马克思及迪斯累利区别开来。马克思和迪斯累利两人为此而烦恼，马克思避而不谈，迪斯累利经常地甚至一有机会就说自己是犹太人。赫斯对此则非常坦然。他在早期著作中谴责过犹太富豪，但对所谓犹太问题他从未感到不快。在著名的

大马士革事件中（发生在1840年吧），当犹太人被指控杀死一名修道士，用他的血来祭神的时候（当时流言蜚语满天飞），犹太教堂缄默不语，他以一个犹太人身份起来反驳。大约也是这个时期，他被贝克写的反对法国人的爱国主义的德文诗所感动（其中写道："他们向往他们没有的东西，那就是美丽的德国莱茵河"），并给它配上曲子，寄给作者。作者却把这曲子寄还给他，上面潦潦草草地写着："你是一个犹太人！"对此他终生不忘。可能是这件事和大马士革事件使他后来走上创立犹太复国主义的道路。

贾：为什么马克思这么看不起赫斯？

伯：有许多原因。他不完全赞成马克思的研究成果。他是个唯心主义者。他认为有可能和平过渡到共产主义，这跟马克思认定阶级斗争和暴力革命不可避免是针锋相对的。马克思不大喜欢那些不完全相信他所说的每一句话的门生。尽管如此，赫斯仍然令人感动地忠于马克思。所以，当赫斯逝世时，马克思给他夫人发去一封十分亲切的慰问信，称赞他个人的品格。马克思从未像（例如）憎恶拉萨尔那样憎恶赫斯。拉萨尔是马克思的竞争对手，创立了德国工人党，没有德国工人 122
党，社会主义运动就不能发展壮大，马克思不会否认这点。

马克思和19世纪的社会主义运动

贾：您在论述卡尔·马克思的书中，把他看作一个不重视人、不重视精神状态的缺乏感情的人。

伯：马克思是个不注重感情的人，有时他也有热情的表现，但是不常见。他在给恩格斯的一封信中，说他死了儿子之后非常悲伤。恩格斯催促他赶快去做心理治疗，马克思回信说心理治疗对他不会有用，他跟别人不同，在可怕的损失之后不免有痛苦。马克思是个头脑硬心肠也硬的人。他喜欢的人实际上只有恩格斯、自己家人和极少的一些朋友——海伦妮·德穆特、库格尔曼医生、李卜克内西、查尔斯(后来成了爵士,剑桥大学美术教授)、瓦尔德施泰因,也许还有几个英国的同道。到去世前,除了他夫人和女儿们,几乎没有谁跟他来往。

贾: 为什么马克思不喜欢自己的犹太血统?

伯: 主要是因为他把犹太人等同于资本主义。当然他跟他父亲一样行过洗礼,他把反犹太主义和犹太教,跟其他宗教一样,都看作是资本主义的产物,是消极的病态的社会现象,到无产阶级革命之后就会消失得无影无踪。据他自己的观察,在他周围,巴枯宁、卢格、蒲鲁东、杜林及其他左派分子这些反犹太主义者都攻击他是个犹太人。那时候一定程度上的反犹太情感在整个欧洲社会是非常普遍的,也许到现在仍
123 然如此,蒲鲁东和巴枯宁确实对犹太人恨之入骨。

贾: 您说马克思在当时的革命家中间是一个离群索居的人物,为什么?

伯: 我所说的不过是,马克思不是当时那种亲身从事革命活动的革命家,像巴枯宁、恩格斯、蒲鲁东等人。这些人是实干家,而马克思则停留在实际的革命活动之外。他是一个导师,一个理论家。当然马克思也是个斗士,但是他是用词语战斗。他没有拿起物质性的武器,也没有去示威游行,1848 年的时候他可以这样干,但是他没有这样干。马克思认为在特定的历史时刻到来之前直接的革命活动不会取得胜利,充当向导的只能是历史而不是事业。

贾: 马克思在很多方面得益于黑格尔。您认为没有黑格尔和德国哲学的影响能有马克思的哲学吗?

伯: 不会是它所采取的那种形式。辩证法的思想,精神的运动,对于黑格尔就是一切;马克思利用了这些东西,并把它改换成跟黑格尔的原义很不相同的物质性的术语,在我看来很不清晰。马克思是一个天才的思想家,说过一些有重大意义的话。他的天才表现为对来自其他人的观点进行创造性的综合。这看似古怪,但在马克思的学说中几乎

所有的观点都可以追溯到以前的某个思想家。而这种综合，集其大成，就是马克思的天才的工作。你可以拿交响乐来类比。交响乐创作是天才的工作，虽然各个音符在别的地方可能已经听过，但其总体则是新的。剩余价值、阶级斗争、技术变化在历史变迁中的主导作用、基础与上层建筑，这一切都可以在圣西门、傅立叶、霍奇斯金、李嘉图等人的著作中找到。马克思确实使用了人家的观点，但他不是一个承认借债的人。他不说“这点我借用黑格尔，这点我参照圣西门，这点我取自洛贝 124
尔图斯，这点我引用爱尔维修，这点我多亏了拉萨尔”，如此等等。有一个著名的拉丁谚语，“过去说，过去了”，意思是，“在我们以前就说过我们现在所说的东西的人不值一提”。马克思不承认提供思想来源者就是先驱者。

贾：您认为马克思的理论体系是一个封闭体系，虽然他并非抱着成见不放。

伯：马克思的理论当然是自成一体的。他从来不会后退一步。他思考出什么结果，他就相信他对永恒真理做出了贡献。他不承认自己的观点也要修改。可是，正如你知道的，早期的马克思跟后期的马克思是不相同的。《资本论》的马克思不同于《哲学和经济学手稿》的马克思或《德意志意识形态》的马克思。尽管如此，他仍然不愿意说：“我的思想是不断发展的，我有了新的看法，我以前说的是不准确的。”不过，即使他的思想是不断发展的，他的理论基本上还是首尾一贯的，这跟有些法国人设想的不一样。我不同意划分早期的人道主义的马克思和后期的经济学的马克思、科学的马克思和浪漫主义的马克思。我想，人们之所以这样区分，是因为他们憎恨斯大林主义，试图让马克思从中恢复其本来面目。可是，如果你读马克思主义的著作你就会看到，从他开始，经普列汉诺夫、列宁到斯大林的连续性是非常清楚的。

贾：您认为马克思是一个重要的思想家吗？

伯：当然是的。部分原因是他的学说改变了历史，无论是变好还是变坏。他的分析常常是很有价值的。尽管有人说，如果没有马克思，世界可能会变得更好一些。但是，事实上已经有过马克思，他的观点已经
125 进入当代人（包括那些深切地反对他的人）的思想框架。

左派和马克思主义的命运

贾：您认为马克思主义还像20年前那样具有生命力吗？

伯：我觉得事情非常奇怪。在西方，近两个世纪以来显然存在着可称之为左派思想这种运动，我看这种左派思想运动现在是第一次遭到了溃败。可以更详细地描述一下。左派可以说是从伏尔泰开始的。它的中心在巴黎。伏尔泰反教会，反旧制度，反传统价值。当权派认为他是颠覆性人物。他的思想在当时被认为是对正统观念的威胁。接着有百科全书派的哲学家们。然后就是剧烈的变革——法国大革命。后来出了波拿巴主义，那是对激进思想的修正，而不是回到波旁王朝。在拿破仑对法国的整顿中当然也有些重要的激进的成分。比如，在第一帝国即拿破仑帝国中有一部理性的法典反映出对传统以及对王族的不尊重。以后就是波旁王朝的复辟，但是在19世纪20年代仍然有不断高涨的反政府的图谋，巴贝夫死了，博纳罗蒂继续进行斗争。接着就是在法国的激进的德国工人组织和四季社以及左翼的烧炭党人。到19世纪40年代，巴黎到处是革命家——巴枯宁、马克思、赫尔岑、路易·布朗、蒲鲁东、德萨米、布朗基、勒鲁，还有乔治·桑的其他社会主义者朋友——圣西门主义者、傅立叶主义者、社会主义者、共产主义者和无政府主义者。1848年爆发了革命，之后便是拿破仑三世称帝，镇压了激进行动。但是，维克多·雨果和米什莱认同于反对帝制的共和主义力量，他们发表著作，进行鼓动，由于抗议当局而被迫离开法国，从此流亡伦敦达20年。后来是巴黎公社。巴黎公社之后有各种社会主义党派、马克思主义者、阿利曼主义者（Allemanists）、可能主义者（Possibilists）、饶

勒斯、盖斯德和德雷福斯派等。再后来，是解散了修道院的激进政府。126
第一次世界大战之后有第三国际，法国大多数社会主义者过渡为共产主义者。巴黎仍然是各种各样左派思想的中心，不管是亲莫斯科的还是反莫斯科的。到第二次世界大战，共产主义者参加了抵抗运动。后来，萨特和梅洛-庞蒂等知识分子鼓舞一些亚非国家的革命运动。如此等等。最后是发生在 1968 年的“风暴”。“风暴”过后突然沉静下来。我们看看今天的年轻人吧。他们想帮助穷人反对富人，他们追求社会正义和社会平等，要求废除一切资本主义。他们要求有组织合理的正当的社会。但今天谁是他们的领袖呢？即使有一些口是心非、道貌岸然的领袖人物，也难以见到他们的踪影。在巴黎，在左派运动的中心，或在别的什么地方，谁是左派的新的有号召力的领袖呢？到哪里去找他们呢？到绿党中找？到女权运动中找？全都是旧左派的遗老遗少了吧。

贾：好，我相信现在在法国没有富有号召力的左派领袖。

伯：在我们英国也只有老了的 E. P. 汤普森，他鼓吹核裁军；还有托尼·本恩先生。为数很少。

贾：实际上现在欧洲主要的左派运动就是反核运动。

伯：他们缺乏有魅力的领导人物。比如，能告诉我一个能让年轻人（不管是对是错）受到鼓舞的左派领袖的名字吗？柯恩-邦蒂怎么样？最近的杜奇克怎么样？还是海登斯？都不行吧。

贾：法国的密特朗怎么样？

伯：密特朗很稳健。他的左派色彩不浓吧？他是个渐进主义的工 127
党党员，我觉得算不上一个社会主义者。

贾：工党出现了什么情况？

伯：发生了两件事。第一，苏联出卖了他们。你知道，虽然工党尖锐地谴责斯大林以及他的全部活动和错误，但他们的目标并未改变。社会主义出了问题仍然是社会主义，腐败玷污了的工人国家仍然是工人国家。列宁拯救了革命,布哈林本来是个诚实的共产党员,斯大林和贝利亚是怪兽,可是左派人士仍然满怀希望地看待社会主义国家,甚至在以色列也同样。如果苏联变质了,那么南斯拉夫还不错。如果南斯拉夫也不再是社会主义国家了,那么还有中国,还有古巴、尼加拉瓜。第二,你知道,到目前为止,社会主义的首要目标,且莫说实现社会正义,就连实现人人有饭吃、有衣穿这一目标,还没有哪个社会主义的政府是成功的。社会主义经济学还没有出来。资本主义是邪恶的,它实行压迫,实行剥削,它使文化事业商业化和庸俗化,贬损了道德价值,可是资本主义有更多的自由,更大的多样化和更广泛的自我表现。我不相信今天在苏联还有真正信奉马克思主义的人——几乎没有,有也极少极少。在英国、在法国都是这样,在许多拉丁美洲国家也是这样,而在东欧这个社会主义的故乡怎么样呢?我看有些社会主义的信念已经崩溃了。整个世界在向右转。我真不希望这样。我是一个自由主义者。

贾: 您觉得戈尔巴乔夫和他的"新思维"(Perestroika)怎么样?

伯: 我对戈尔巴乔夫没有特别研究,我祝愿他一切顺利。我去苏联
128 时跟一些支持"新思维"的人谈过话,他们多数人怀疑改革能够成功。存在着很多问题,有待解决。

贾: 有些什么问题?

伯: 主要是官僚政治和经济问题。在斯大林统治时期经济生活的衰退非常严重。工人缺乏良好的培训,没有创造性,没有活力和适当的竞争。在技术上他们远远落后于西方。农民仍然处在原始状态。知识分子兴奋不已,充满希望,在道德上有吸引力,有批判精神。但是,大量的官僚担心失去自己的权力。在俄国总是存在着僵化的、反动的、缺乏效率的官僚队伍,还有强大的军队和秘密警察。可是,戈尔巴乔夫最首要最重大的任务是挽救经济——确实非常、非常、非常困难。甚至布莱希特这个昔日的斯大林分子也说过:"先要填饱肚子,然后才能讲道

德。”当然，他是为了捍卫斯大林主义。可是，在斯大林统治下，经济也罢，道德也罢，都崩溃了，饥饿加上虐杀。戈尔巴乔夫面临一大堆问题，但愿他顺利。

贾：苏联的知识分子也满怀希望。

伯：我碰见的知识分子一般都是些烈性子的，敏感、正派、可爱、有才华。有些人满怀希望，有些人悲观失望。有些年轻人我觉得很有批判精神。

……

贾：在西方，且不说作为一种政权的共产主义的失败，作为一种哲学思想的马克思主义我看也崩溃了，对吗？

伯：不对。我认为，在马克思主义那里，你可能找到属于人类思想的共同财富的东西。比如，马克思最先预言大企业的兴起，马克思发现科学技术对一般文化的影响，马克思揭示了资本的根源。他强调阶级
斗争，其实阶级斗争不是普遍现象，不像他说的那么重要和那么广泛。 130
如今在英国、法国或美国，不管社会局势多么紧张和不公正，也没有公开的尖锐的阶级斗争。也许在尼加拉瓜有那样的阶级斗争。狂热的马克思主义会造成噩梦，中国（“文革”时期）就是一个例子。

贾：就因为这样，您才说马克思活像“古代担负起上天使命的先知”？

伯：我这样说过吗？不对，这样说太夸张了。人们这样说可能仅仅因为马克思的胡子活像多雷版《圣经》中的犹太人先知。

贾：看来马克思深受犹太教和基督教思想的影响。

伯：这很可能。在那些年月谁不受影响？大家都读《圣经》嘛。

贾：您认为在马克思的理论中哪些是真正的新的东西？

伯：正如我说过的，他认为，科技的变化对文化起主导作用，这是新观点。圣西门也说过这种话，但很少人读圣西门的书。我的意思是，艺术和文化受技术变化的影响，这是马克思的观点。在这个意义上马克

思主义没有死亡……其次，谁也没像马克思那样预言过大企业的兴起。还有，思想隐藏着利益，虽然不像马克思设想的那么肯定，而确实有时候是这样的。对于各种观点、社会运动、人们的所作所为，不管出于什
131 么动机，应该考虑它们对谁有利，谁获益最多。这些并非愚蠢的问题。

贾：马克思主义在第三世界国家似乎还有生命力。

伯：当然有生命力。凡是存在着压迫和贫困的地方，如果有人说，你的老板，不管有意无意，总是心术不正的；或者说，你做这做那，就一定能胜利，历史和前途都在你们一边，那总会有人相信的。如果有人预言，被压迫阶级必然会取得胜利，因为在他们的事业中有伟大的人物为他们战斗，那一定会引起被压迫阶级的共鸣。马克思给了他们不可磨灭的希望："别害怕，组织起来，胜利将属于你们。"基督徒幻想到来世才能实现的美梦，马克思说在现世就能做到。

贾：我认为共产主义没有更多存在的理由。

伯：不能这么看。在世界上共产主义还有很多拥护者，在拉丁美洲有，在亚洲也有。可是，从历史上说，一种巨大的混乱状态，或者说一种
132 突变发生了，对此还没有人进行充分地描述。

第四次对话

自由哲学

斯蒂芬·斯彭德:60 年的友谊

贾: 我在读您的朋友斯蒂芬·斯彭德的自传《世界中的世界》。有一段是关于您的,我引一下:“以赛亚·伯林那时对民众生活很感兴趣,这种兴趣由于他确信自己不理解民众的激情而增强。他觉得人的行为是一个非常值得探讨的主题。”现在还是这样的吗?

伯: 不是这样的。我以为这不是全部的实际情况。在 20 世纪 30 年代,我像一个修道士那样生活在一个学院里,甚少到外面世界去。我注意到同代人各种各样的感情状态,但我从不认为我跟他们有什么不同。后来的日子证明了这一点。

贾: 斯蒂芬·斯彭德还说:“伯林十分擅长通过比喻来描述人。”对吧?

伯: 可能吧,我也说不清他到底说得对还是不对。

贾: 照斯彭德的说法,你们两人对音乐都很有兴趣,由于这个缘故,你们俩去了奥地利的萨尔茨堡[①],是吗? 135

伯: 是的,我们俩去过那里,我们非常迷恋音乐。

贾: 他说您非常喜欢贝多芬的四重奏,特别是《菲岱里奥》。

伯: 是的,他比我还喜欢。钢琴家亚瑟·施纳贝尔给我们两人留下了深刻的印象。我们喜欢音乐跟施纳贝尔很有关系。本世纪 30 年代他来伦敦举行音乐会,我们几乎逢场必到。施纳贝尔是一个了不起的音乐家。他对贝多芬和舒伯特的音乐的深刻表演转变了我们对古典音乐的看法。

贾: 您演奏音乐吗?

伯: 不,我左胳膊受过伤,出生时受的,所以我从未玩过乐器。双簧

① 奥地利萨尔茨堡是大音乐家莫扎特的故乡。——编注

管或单簧管也许还可以吹,但我没试过。

哲学的目标

贾: 现在我想就您所发表的《概念与范畴》论文集提几个问题。在《哲学的目的》一文中您声称对于“什么是哲学?”这个问题没有普遍接受的答案。那么,您认为哲学的目的是什么呢?

伯: 我认为,哲学的目的是要回答很一般性的问题,即那些用经验方法或逻辑方法都不能提供答案的具有普遍性的重大意义的问题。当你迷惑不解的时候,当你不知道往哪里寻找答案的时候,那就是碰到哲
136 学问题的迹象。如果你想知道诸如善与恶这些词的意义是什么,找辞典、百科全书或别的任何参考书都没有用,调查研究和逻辑论证也帮不了什么忙。杰出的哲学家 G. E. 摩尔举过一个有名的例子,这个例子通常被看作一种典型的英国人的闲聊,而我觉得是一种深刻的独到的观察。他说:“假如你问某某人,镜子中的影子在哪里?”他回答说:“在镜子里。”好的,但是,镜子里只有玻璃罢了。这样,他犯难了,说:“影子在镜子后面。”可是,你看镜子后面,后面什么也没有。这样,他又说:“影子在镜子上。”但是,这种“在……上”并不像贴一张邮票在镜子上。镜子中的影子到底在哪里?或者,当你压迫你的眼球时,那个重影在哪里?你不知道如何回答。影子在空间里吗?但这不能是物理的空间。这样,问题的关键是怎么说“在”。平常人对此不会有什么麻烦,只是那些对词和意义感兴趣的人才有麻烦。这种问题本没有什么了不起的深奥之处。但是,如果你认为这全是废话,正常人不会为这样的问题而烦恼,那表明你对哲学没有兴趣。再拿时间和空间这两个词来说吧。假设有个小孩跟你说:“我想当瓦格勒姆战役中的拿破仑。”你告诉他,这是不可能的。他问:“为什么?”你说,因为拿破仑已经死了。那小孩又问:“那有什么关系?”你说:“你不知道,那是很久以前的事,拿破仑的

尸体都腐烂了。你不可能见到他。”如果这小孩挺聪明，他会对你说：“如果我们把拿破仑尸体的所有原子重新组合起来，那么我们不是看到拿破仑在瓦格勒姆了吗？”你说：“是的，那只是原则上的可能，在实践上是不可能的。”那孩子又说：“我现在（不是过去）想看见在瓦格勒姆的拿破仑，我能不能看到像以前一样的拿破仑，不是现在重新组合的拿破仑。”你告诉他：“不可能，你不能回到过去。”他还问：“为什么不能回到过去？”这时候，一个实证主义者会过来帮你说，回到过去，不表示任何意思，按照我们通常的词义，用时间表示的就是“以前”“以后”和 137
“同时”。时间不是一种介质、一种实体，无法在其中穿行，你那样说是对语言的误用。听到这里，那孩子马上又问，如果这是用语问题，我们为什么不能改变语言，以便能够看见拿破仑在瓦格勒姆？这仅仅是一个例子。在日常生活中，会有很多类似的问题让小孩子迷惑不解。每当这个时候，他父母会说：“别拿这些愚蠢的问题来烦我。去吧，玩去吧！”但小孩子提出的这些愚蠢问题贯穿着许多事物的中心。如果你对这类事情感兴趣（虽然没有什么实际的重要性）又有理智上的好奇心的话，你就会发现这里的确有问题，你会寻求办法去处理它。还有，假如说我不能同时生活在两段不同的时间里，为什么不能？这是时间的性质问题还是“时间”这个词语的性质问题？全部形而上学的陈述都可以翻译为关于词语的使用问题吗？全部哲学问题归根到底都是词语问题吗？有没有关于实际的人类经验的一般范畴，它不仅仅是用词语来表述的？一切关于存在性质的问题通常都可以充分地（至少在原则上）得到回答吗？

贾：那么，您认为对哲学问题的追问是人性的一部分？

伯：是的，我看小孩子经常会提出哲学问题。有时突然间有人向你发问，（比如）“请你告诉我，为什么我应该负起我的责任？”或者，“为什么一些人要听另一些人的话？”后一个问题是典型的政治哲学问题。我们在百科全书和辞典中找不到正确答案。对这个问题有各种各样可能

的答案。有人说,这是上帝的命令。有人说,这是我的保姆、父母或老
138 师告诉我的。有人说这是社会契约。有人说这是大多数人的愿望,因为这样才能促进人类的幸福。还有人说这是直觉,是康德的必然真理。很多答案都摆出来了。如果你不懂得如何去确定哪一个是无可疑义的正确答案(不可能有现成的办法),那你就是在进行哲学思考了。

贾: 很想知道,在人的头脑中最早的哲学问题是怎么出现的?

伯: 谁知道。我想起《创世记》的第一章,亚当被告知,有一棵知识之树和一棵生命之树,他被禁止摘取任何一棵树上的果子。这就是一个哲学的陈述。

贾: 您认为自由与哲学研究之间没有关系吗?我的意思是,如果一个人思想不自由,他就不能提出哲学问题,对吗?

伯: 对。我还确信,所有人都经常性地会碰到归根到底带有哲学性质的问题。哲学问题绝不只是复杂的文明的产物,一些非常简单的问题本来就是哲学问题。

贾: 在当今世界上人们已经不大提出哲学问题了,是这样吧?

伯: 不,人们仍在继续探讨哲学问题。我说的哲学问题可能在牛津、哈佛、斯德哥尔摩和加尔各答等地被讨论,而不是在法国。因为法国哲学家经常认为,跟深刻的社会事件和生活事务没有直接关系的问题是琐碎无聊的,而英国和美国的哲学家则认为,跟社会和生活没有直接关系的哲学问题也是很重要的。哲学史证实了后者的看法。处于西方传统思想的中心地位的,都是跟社会和生活没有直接关系的哲学
139 问题。

贾: 因此您并不认为在我们当今世界哲学正在失去它的价值?

伯: 我当然不认为。在法国、意大利和西班牙等国家,哲学会告诉你追求什么和怎样生活。我看,这些国家的哲学倾向于成为人生哲学。康德、黑格尔、威廉·詹姆斯、柏格森等哲学家既谈论传统哲学的中心问题,也探讨跟社会和生活有直接关系的问题。后来哲学发展偏离了

中心轨道，尼采和萨特，我猜想，还有海德格尔（我没有读过），都偏离了哲学传统的主流方向。我认为，谁也不能说20世纪没有出现重要的思想家。伯特兰·罗素就是一个重要的思想家。胡塞尔和维特根斯坦也是重要的思想家。我认为，在知识论、逻辑学和精神哲学这几个领域，20世纪哲学强于19世纪，有不少重大的发现。20世纪是一个哲学蓬勃发展的世纪。

贾：所以您反对“哲学终结说”。

伯：坚决反对。只要人类还存在，哲学就不会终结。

贾：您认为当前哲学家特殊的任务是什么？

伯：我不认为哲学家有什么特殊的任务。哲学家的任务就是搞哲学。他们思考使他们感兴趣的问题，力图澄清问题，可能的话就做出回答。当前哲学有什么特殊的任务？提出这个问题是基于对哲学目的的误解。这有点像问当前艺术的任务是什么或爱的作用是什么等等。如 140
果你问艺术的目的是什么，我想艺术的目的就是搞艺术，此外没有别的目的。同样，爱的目的就是爱，生活的目的就是生活。

贾：那么，哲学的目的是什么？

伯：哲学的目的是哲学本身。哲学的目的是对哲学真理的追求。

贾：说到真理，我想起您在《20世纪的政治思想》一文中说，极权主义意识形态的出现使人们有了崭新的真理概念，而那几乎是以前几个世纪的人们所无法理解的。您能否说得清楚些？

伯：我的意思是，在极权主义国家，不是让人们回答问题，而是竭力防止人们提出问题，基本的方法就是压制他们。你做出教条主义的回答，如果他们不接受，你就要让他们保持沉默。你不容许人们对法规、舆论或制度表示怀疑。要消除头脑中经常带个问号的老习惯，那是心存不轨的迹象。

贾：所以在极权主义国家不可能有哲学？

伯：不，哲学是有的，但哲学的范围很狭窄。比如，在苏联有逻辑学研究,但被看成是数学,因为视逻辑学为哲学并不安全。在苏联也有形而上学的研究,但那是非常教条主义的、非批判性的,是十足的坏哲学。也许这种情况现在改变了。哲学比别的学科更需要公开性(Glasnost)。
141 在俄国没有深厚的哲学传统,这是真的。

贾: 您把哲学区分为好哲学和坏哲学?

伯: 所有哲学家都这样区分。人们从事什么工作都有好有坏。

多元论与民主

贾: 您认为您自己的哲学是一种实践哲学吗?我的意思是,人们能否把您的哲学思想变成可操作的政治准则?

伯: 在政治方面我是有些见解的。我不知道你看过我获阿涅利奖时的讲演没有。我有一种深信不疑的看法,有些道德的、社会的和政治的价值是相互抵触的,任何一个社会总有些价值是不能彼此调和的。换句话说,人们赖以生存的某些最终的价值,不光在实践上而且在原则上、在概念上都是不可兼得的,或者说不可彼此结合的。没有哪一个精于心计的人,同时又是无所计较,一切都听其自然的人。你不能把充分的自由跟充分的平等结合起来。给狼有充分自由就不能同时也给羊有充分自由。正义和慈悲,知识和幸福,如此等等,都可能相互冲突,不可兼得。既然是这样,那么,人类的问题(归根到底是如何生活的问题)就不可能全都求得完满的解决。这不是因为实际上有困难,找不到妥善的解决方法,而是因为这些价值本身在概念性质上都是有缺陷的。乌托邦式的解决在原则上没有缺陷,可以成立,但这样的解决是企图把不可结合的东西结合起来。某些人类的价值之所以不能相互结合,就因为它们本身是不能并存的。因此只能在彼此之间进行选择。选择可能
142 很痛苦。如果你选择 A,你就得忍痛失去 B。在最终的各种人类价值之间不可避免要做出这样的选择。在任何可以想象的社会,选择都可能

是痛苦而且是不可避免的。互不相容的价值本身始终是不能相容的。我们所能做的是防止选择太痛苦,这就意味着,我们需要有一种机制,使得人们对各种价值的追求尽可能不违背自己深刻的道德信念。在多元化的自由社会里,不可避免要做出各种妥协和折中,经过权衡利弊而避免最坏的情况。再三斟酌,取其一方。平等多重要?自由多重要?正义多重要?慈悲多重要?善良多重要?真理多重要?掂量掂量就知道了。知识和幸福也不总是牢牢结合的。一个知道自己患了癌症的人不会因为有了这种知识而感到幸福;无知会使他少一些自由,但同时能使他觉得多一些幸福。这就是说,人生问题的某种最终解决,没有普遍适用的始终不变的可行标准。那些相信可能有完美无缺的社会的人必定以为,为了实现这种美好的社会,做出多大牺牲都是必要的,为了达到这种理想的目标,付出多大的代价都是值得的。他们想,如果必须流血才能创造这种美好的社会,那么就流血吧,不管流谁的血,也不管流多少血。不打破鸡蛋怎么能做出上等的蛋卷。可是,人们一旦养成打破鸡蛋的习惯,他们就不会罢手,鸡蛋打破了,蛋卷却没做成。凡是以为对人生问题可以求得最终解决的这种狂热的信念,不能不导致灾难、痛苦、流血和可怕的压迫。

贾:您的多元论会给民主问题提供什么潜在的支持?

伯:民主有时会压制少数派和个人。民主不一定是多元的,它可能是一元的,一元的民主使多数人可以为所欲为,不管多么残忍,多么不公平,多么不合理。在允许反对派存在的民主制度中,人们总还可以指 143
望能够使多数派发生转变。但是,民主制也可能是不宽容的。民主制并非事实上就是多元的。我赞成一种明确的多元的民主制,它要求协商和妥协,承认各集团和各个人的要求和权利,除非出现了极端危机的情形,这些集团和个人就绝不能拒绝民主决定的结果。邦雅曼·贡斯当对于在雅各宾统治下的民主的暴政有过详细的描述。贡斯当是一个纯正的自由主义者。

贾： 看来您的观点跟托克维尔相似，他曾警告说，民主可能会促成强大的中央政府。

伯： 是的。托克维尔是一个悲观的思想家，但是有许多很好的见解。他主张权力下放。贡斯当和托克维尔都感受过法国大革命的过分的恐怖。19 世纪所有的政治理论（如果你想做一个教条主义者的话）都是力图解释法国大革命所犯的错误。所有的政治学说都是对这一错误的解答，显然托克维尔的学说就是这样。他当然理解权力下放以及多元论、灵活性、组织松散的必要性。有些专制君主个人统治的国家比一些极端民主的国家有更多的自由。在腓特烈大帝统治下的普鲁士人比压制一切反对意见和批评的苏维埃国家的公民，享有更多的思想自由和行动自由。即使雅典民主制也不是十分宽容的，要不它就不会驱逐阿那克萨哥拉和处死苏格拉底。法国大革命的集会是民主的，却有人说革命不需要科学家，所以处死了拉瓦锡，实际上孔多塞也被处
144 死了。

平等和自由

贾： 法国大革命的主要业绩都是在贯彻执行自由和平等两大原则的名义下完成的，但是导致了雅各宾派的恐怖统治。那么，自由和平等这两个原则不可以结合吗？

伯： 这两个原则在一定程度上当然是可以结合的，但是不能是最大限度的结合。如果给你最大限度的自由，那么强者就会吞噬弱者；如果你有绝对的平等，你就不能有绝对的自由。因为，如果你不想让软弱的鲤鱼被吃掉，你就必须控制住凶猛的狗鱼。

贾： 我对您谈论平等的文章颇感兴趣，因为写这个题目的自由主义者并不多。

伯： 我知道。

贾：您怎样理解平等？

伯：这是一个很笼统的问题。平等总是具体的。我给你举个例子。如果你有十个孩子，你要分给每个孩子一块蛋糕。如果没有任何其他原因，你给一个孩子两块，其中有一个孩子一块也得不到，这就违反了平等原则。那就是不平等。

贾：就传统而言，自由和平等不可兼而有之，对吧？

伯：在历史上，一视同仁和绝对平等意味着压制了拔尖人物的自 145
由。你还记得无政府主义者巴枯宁吧，他主张平等，企图压制高等学校，因为高等学校会培养出理智上的佼佼者，这些人可能成为贵族阶层，凌驾在其他人之上。还有平等主义的专制政体。在苏联早期有些管弦乐队决定不要指挥，所谓要反对权威，结果便是整个艺术的衰败。绝对自由主义是可怕的，绝对平等同样也是可怕的。

贾：为什么您认为自由有它特殊的悖论性质，而把两种自由概念分开就可以排除悖论？

伯：我审视过这两种自由概念（积极自由和消极自由），也许还有更多的自由概念。我正在写关于政治自由而不是一般自由的文章。我觉得，自由这种东西是人人都想要的，因此，一切好的东西都会贴上自由这个标签。人们力图让自由意指一切他们所喜爱的东西，这就很不准确了，会造成许多思想混乱。

贾：所以您就区分积极自由和消极自由。

伯：人们谈论经济自由、社会自由、政治自由、道德自由、形而上学自由，等等，关键是这些自由彼此是不同的。在某些情况下它们是相似的，在某些情况下它们是相异的。在 19 世纪，自由主要指社会自由和政治自由。在 20 世纪，自由变得复杂了，因为经济分析使事情复杂化了，又因为我们的历史知识也发展了，谁也不懂得自由这个词的准确意思，不懂得各种自由之间的准确关系。自由 A 与自由 B，自由 C 以及自
由 D 之间的恰当的关系如何？认识和理解的大量增加，使得对这个问 146

题更加难以得出明确的答案。我区分两种自由概念,因为我觉得这两种自由概念是西方思想的要素,它们又彼此不同。它们是对不同问题的回答,人们却把两者混淆了。哪一个自由概念被曲解都会导致不良的后果,其中一种曲解我觉得后果更为严重,也就是说,积极自由被歪曲比消极自由被歪曲的危害更为恶劣,虽然我不否认消极自由被曲解成一种"放任主义"也会导致可怕的不公正和痛苦。我承认我深受极权主义国家肆无忌惮地误用自由这个词的影响。极权主义国家声称它们才有真正的自由,这简直是对自由的无情的讽刺。对此我有话要说。我这样做不会使批评我的左派人士感到愉快。我写的东西往往受左右两方面的攻击,而且是同样剧烈的攻击。

贾:是的,您的论文《两种自由概念》遭受攻击,《历史的必然性》也遭受攻击。什么原因使您写后面这篇论文?

伯:我曾经接受实证主义教会(Positivist Church)①邀请做一次纪念奥古斯特·孔德的讲演,我决定讲历史决定论。有人曾经说过:我们是历史的代理人,我们应该做这做那,这是历史的要求,阶级的要求,民族的要求。我们所走的是向前行进的高速公路,这是历史本身决定的,因此凡是阻碍我们前进的一切东西,统统要扫除干净。处在这种精神状态的人,往往会践踏人权和价值。因此有必要保护人的根本尊严,反
147 对这种强烈的并且往往是狂热的信念。

贾:因此您认为决定论和责任心两者是不相容的。

伯:是不相容的。如果你所做的一切都是历史决定的,你个人还负什么责任呢?我觉得这就是尼采在道德选择中所谓的 amor fati[热爱命运],如果你处在一个无法改变其运动方向的阶梯上,而你的理智、目的和道德法则又被认同于该阶梯不可抗拒的运动,那还有什么责任心可说呢?我相信历史上有这样一些时刻,个人和团体可以自由地改变

---

① 实证主义宗师孔德曾提出要建立实证宗教以取代传统宗教。——编注

事物发展的方向。并非一切都是可预料的。人在狭窄的限度内是自由的主动者,这限度存在于人类自身,即有选择的空间。没有人的选择就没有人的行动。一切事情都是人做的。举例说吧,如果丘吉尔在 1940 年没有当上英国首相,纳粹就可能征服了全欧洲,在这种情况下,欧洲的历史就不同于马克思的预言,当然也不同于实际已发生的现在这种状况。如果列宁在 1917 年逝世或他在党内没有得势,就不会有布尔什维克的革命,很可能发生内战,自由党人和社会主义者为一方,保皇派为另一方。没有列宁谁也不能建立布尔什维克政权;托洛茨基不行,因为他是个犹太人,犹太人当统治者不能被接受。可见,在历史中有一些转折点,这时候个人可能决定历史发展朝这个方向还是那个方向。

贾:我觉得您的自由观跟您的历史观紧密相关。

伯:是的,虽然我是一个多元论者,但我认为思想是有某种统一性的。我的看法是,在多数情况下,我的各种思想是相互关联的,不是完全分开的。 148

贾:在您看来,如果我们不能自由地进行选择和确定目标,生活就没有意义。

伯:是的,但是要记住自由有一定的限度。我觉得我们受事物本身的性质所限制。我们没有太多的选择。就说有 1% 的选择吧,但这 1% 的选择也可以使事情有很大的不同。

贾:您说自由选择的限度时,有没有考虑到规律?

伯:当然考虑到自然规律,包括物理规律、化学规律、地质规律、气候规律,总之是孟德斯鸠所说的一切自然法则,但是不包括人的法则。人的法则是可以改变的。我不能明确地告诉你,自由选择的限度整体上有多大。如果你给定一个具体的情况和当时的环境,我可能试试指出限制的因素是什么。

贾:我们回头再谈一下自由这个概念吧。自由跟公民权有没有必然的联系?我的意思是是否成为一个公民才能是自由的,就像古希腊人所想的？

伯：当然有联系，如果你不把否定国家和进而否定公民权本身的斯多葛派及其后来的无政府主义者都算上的话。希罗多德主张在法律面前的人人平等，公元1世纪的诛戮暴君者也主张法律面前的平等，这意味着免遭压迫和免遭专横的统治。我也拥护在法律面前的平等。除非有一般的法规，就不能防止专制主义和混乱状态。不要法律的彻底自由是彻底的无政府状态。但是，我也认为自由意味着没有障碍，当然必须有某种控制，这也是障碍。我认为，自由这个词的本意就是没有障碍，但我不是巴枯宁和克鲁泡特金的信徒，我不鼓吹无政府主义。我认
149 为，如果没有限制就不会有和平，人们就会互相残害。孤岛上的鲁滨逊·克鲁索，在土人星期五到达之前是绝对自由的。两个人共处之后便开始有了彼此相关的义务，这是个具有强制性的问题。康德是对的，他常常是对的。小鸟也许以为在真空中飞翔是十分自由的，而它做不到，就会坠下去。没有权威的社会是不存在的，而权威也是对自由的限制。

贾：所以您反对巴枯宁说的话："不受他人的自由限制我才能有真正的自由。"

伯：不少人说过类似的话。这句话对不对，要看具体的情况。从词义上说，这是指，如果有人不自由，那是在某种程度上受其他人的自由所干预。在奴隶社会，奴隶主也不能像自由人那样发展自己，因为他拥有奴隶，而拥有奴隶会腐化他们的生活。阿克顿勋爵说得对，权力会导致腐败。民主与自由是不能拆开的。

贾：查尔斯·泰勒把消极自由说成是"机会概念"，您同意吗？

伯：在某种情况下他这样说是对的。消极自由简单地说，就是有很多门同时向你敞开着，随你选择通过不通过，通过这个还是那个。如果你管这叫"机会"，当然也可以，但是，光有消极自由是不够的，因为还有其他的价值需要追求，否则生活就不值得过了。不能否认这一点。自

由必须是有限度的，这是出于(最基本的)安全、幸福、正义、知识、秩序、社会团结及和平的需要。有些自由必须被限制，以便人们可以追求生活的其他最终目标，通常情况是这样的，有所失才能有所得，这是正常的社会所必需的。 150

贾：那么消极自由是怎么样起作用的？

伯：消极自由起作用是由于没有消极自由，就会有压制。消极自由意味着，排除或者不存在种种多余的障碍以实现其他最终的人类价值。其实，诸如个人安全和社会安全、正义、幸福乃至知识等人类的最终价值，没有某些可能强制实行的限制，是不能取得的(对不住了，葛德文、克鲁泡特金、埃利泽·勒克吕[1])。但是，消极自由的作用还在于，没有了它，其他价值也都会化为乌有，因为没有了去实践它们的机会，没有了各种机会，没有了各种相互歧异的价值，到头来就没有了生活。

牛津哲学和实证主义

贾：什么是牛津哲学？

伯：牛津哲学是一种特殊的学术运动，开始于 20 世纪 30 年代晚期，第二次世界大战后迅速扩张，蓬勃发展，直到它的真正创始人、哲学家约翰·奥斯汀于 1959 年逝世。从根本上说，牛津哲学是检查如何使用语言的各种表达式来传达是什么和怎么样，检查由于错误地识别词语和表达式而引起的混乱，以便让人们清晰地理解，没有任何教条式的对与不对的准则；研究的最终目标是从人们日常生活中用于描述、感叹、执行、命令等的词语的使用中，追寻词语的功能，或者说，从科学、逻辑、宗教等各种专业词语的不同使用情况中追寻词语的功能。

贾：牛津哲学主要是反对实证主义思潮吧？

---

① 埃利泽·勒克吕(1830—1905)，法国地理学家，无政府主义者。——编注

151 **伯**：不是反对。牛津哲学是对实证主义的重要修正。有些实证主义者认为，日常语言一般都可以归约为相当精确的科学语言，所以科学语言便是其他门类语言使用的样式。对此牛津哲学是不同意的。牛津哲学认可语言的含糊性、词语使用的差异性、词语本身无可避免的矛盾性，以及相互交织的词语混合体之间基于现实的不同视角所产生的依赖性。前面我举的那个例子，问镜子中的影子在哪里，就是牛津哲学方法早期的范例。逻辑实证主义不能正确回答这个镜子问题。正如前面我说过的，当我们说影子在镜子上时，忽视"在"这个介词的含糊性会导致本来可以避免的哲学混乱。

贾：可不可以说牛津哲学基本上是一种经验哲学？

伯：是的。它从检查词语日常使用的含义开始，认为这是通向人们所观察和思考的事物的线索，无须费心考虑能否把日常用语转化为比较精确的语言，而所谓精确无非是符合实证主义据以确定有关意义范围的僵硬法则，这样一来，实际上会导致误解人们想要表述的东西。换句话说，牛津哲学建立在这个观点上：词语的意义依赖于词语怎样被人们使用，而不是依赖于支配词语与事物之间关系的某些语义学的规则。

贾：我记得在您论述奥斯汀的论文中，您描述牛津哲学的氛围时，说到一些会议和讨论。您参加那些讨论了吗？

伯：我是那些讨论的发起人。我在文章中说过的那个特别小组是
152 在我房间聚会的，从 1936 年开始，延续到第二次世界大战。出席的人不多，奥斯汀和艾耶尔一般都在场。1936 年之后斯图尔特·汉普希尔也来了。写书论述过休谟的唐纳德·马克纳布，后来成为神学教授的唐纳德·麦金农有时也参加。我们相互交谈并激烈争论。遗憾的是，我们只满足于达到彼此一致，不想把我们的观点告诉其他人，更不想把它公开发表。这都是由于我们小组同仁觉得，外界跟我们没有关系。我们感到我们自己是重要真理的发现者；这确实很开心，但它是以自我为中心的：我们认为没必要发表我们的研究成果。

贾： 您怎么能够从来都不接受实证主义的观点？

伯： 我不是作为一个实证主义者成长起来的。一开始我是一个英国的黑格尔主义者。后来我造反了，因为我理解不了黑格尔的语言。我读英国的黑格尔主义者写的书时，仿佛飘浮在一片迷雾中，我从来没有，现在也不喜欢这一套东西。我读柏格森的书时，同样也感到迷惑不解，我欣赏不了那样的文章。因此我成了一个所谓的牛津实在论者。牛津实在论者接受伯特兰·罗素、G. E. 摩尔、亨利·普赖斯、吉尔伯特·赖尔、威廉·尼尔等思想家以及另外四五个人的哲学方法。牛津实在论开始于一个已被人们遗忘的牛津哲学家在世纪之交所写的文章，他驳斥当时流行的使用枯燥的亚里士多德式术语的黑格尔哲学。大约与此同时，布伦塔诺（他是托马斯·马萨里克的教师）在布拉格也在干同样的事情。有些美国人和斯堪的纳维亚人也在做类似的工作。这是一个有益健康的排气过程，把许多哲学气球的气放掉，传递强烈的现实感。首先它强调思想和语言的清晰，消除形而上学的修辞和唯心主义的迷雾。后来，出现了维也纳小组和他们的英国门徒 A. J. 艾耶尔， 153
他们是卡尔纳普在美国和英国的学生，对逻辑和科学方法感兴趣。他们在一份新的哲学杂志上讨论这些问题，他们也向其他杂志投稿。我参加过这些新哲学家在伦敦召开的几次会议。我发现他们有些主张并不正确。比如，“命题的意义就是它的证实方法”这个中心观点在我看来就是不正确的。有些陈述，比如全称命题“所有 S 是 P”我认为在原则上是不能证实而只能证伪的。人们怎么能够证实无限制的普遍命题呢？人们不能靠观察和经验来证实涉及无限多实例的命题。实证主义者回答说：“很好，你不能正式证实它，但是，如果你把全称命题‘所有 S 是 P’跟一个单称命题联合起来，就可以推出另一个单称命题。”比如，全称命题“所有人都会死”跟“苏格拉底是人”联合起来，那么就可推出另一个单称命题“苏格拉底是会死的”，这个结论是可以用苏格拉底的死这个事实来证实的。但是，我觉得，从这里可以看出，全称命题并非他们所说的那样是描述性的。它们仅仅是一种工具,用来从一个单称命题引出另一个单称命题。我不赞成他们的观点。我想,当我们说“所有 S 是 P”时,其实我们要表示的意思是“每一个 S 都是一个 P”,这才是一个事实陈述,不管从形式上看还是从经验上看,不管有多少 S,也不管在数量上是有限还是无限。后来我又开始对反事实命题(不可应验的假设)感到迷惑不解。比如,“如果你曾经朝窗外看,你准会看见一个人。”对此,怎么证实呢?我那时确实不曾朝窗外看,所以,怎么能说我准会看见什么东西呢?我只能说“谁往外看谁就准会看见一个人”,或者说,“在某一时刻每一个朝窗外看的人都能够看见一个人”。但是,
154 “准会”和“能够”不是直接可证实的,因为那一举动本来是可以不发生的。我从前认为,现在也认为,命题有意义,不取决于人们是不是有什么可以完全地证实它们的方法。不完全证实也不等于命题的意义是不完全的。所有单称命题的意义都不可能仅仅在于证实它们的手段。

贾: 这就是您在三篇针对实证主义的论文中力图要揭示的吗?

伯: 是的。

贾: 那是您最早的论文?

伯: 我想,这几篇文章是我最早的专业论文。我记不起它们发表的先后顺序了。我想,头一篇是《归纳和假设》,发表在亚里士多德协会辑刊中的一卷。亚里士多德协会是一个哲学学会,不限于研究亚里士多德的学说,正如柏拉图学会、笛卡尔学会、洛克学会或康德学会那样。亚里士多德学会的出版物形成了英国哲学的发展,当然仅指 20 世纪而已。

柏格森、谢林和浪漫主义

贾: 我们在前面谈过柏格森,他对您有影响吗?

伯：没有任何影响。我读过他的《创造进化论》，非常遗憾，它没给我留下什么印象。我还读过他的两本书。一本是《意识的直接材料》，那是经验描述的心理学的精彩篇章。如果你说一种头痛比另一种头痛更加剧烈，你不能说两倍或五倍的剧烈，“更多”“更少”可以用在某个范围，但不能用在别的范围。在表示范围和程度的“内涵”和“外延”的 155
量度之间有着明白无误的区别，它们可以用主宰着我们的语言和思想的数量、基数和序数来加以表达。另一本是《道德和宗教的两个源泉》（我想大概这是他最后的著作）。在书中，他比较了两种伦理学：一种是他反对的康德式的伦理学，讲求准则和律令；另一种伦理学是把道德建筑在对圣人生活的模仿之上。我觉得这本书颇有趣，比他那些名气更大影响更远的书都有趣，但是我没有接受他的论据，也不能接受他的结论。我认为那纯粹是主观的冥想，是作者的自我体验，既不严谨，也不令人信服。

贾：对于所谓“生命哲学”您有好感吗？

伯：不太有好感。他们说的也有一定道理。我想，生命哲学跟浪漫主义是有联系的。我仔细研究过浪漫主义。我觉得生命哲学是建立在一种隐喻之上。这隐喻的意思是，一切真实的思想和经验应该借助生命有机体来解释。当然，这样做有时候很有启发作用，有时候又没有。在历史上，你知道，浪漫主义比生命哲学出现得更早。虽然在莱布尼茨的学说中甚至早在亚里士多德的理论中已经有些浪漫主义的因素，但是，浪漫主义的兴起有其现实的独特的思想基础，那就是，它认为大自然没有科学和哲学赖以研究的固定的秩序，没有大自然固有的法则，只有绵延不绝的宇宙的增长或过程，它是宇宙万物，包括自然界和精神现象在内的一切东西的运动或自我实现，我们人类也属于这总的运动或过程。任何抓住这运动和过程以便对它进行检查和分析的企图，都会置它于死地。歌德曾经说过，摩西·门德尔松使用美学方法杀死了蝴蝶，把蝴蝶钉住就消除了这动物的全部颜色以及所有活的有生命的一

156 切;他详细推敲的是蝴蝶的尸体而不是自然界一种活生生的东西。柏格森思想中就有很多活生生的东西。柏格森是一个超浪漫主义的哲学家。他跟古典哲学几乎没有什么关系。他受拉维桑的影响,而拉维桑又受谢林的影响。在柏格森的哲学中,没有笛卡尔、马勒勃朗士、洛克、康德或勒努维耶等人的思想痕迹。

贾: 柏格森是一个极端反智主义(anti-intellectualist)的哲学家。

伯: 在一定程度上是的。理智主义要求分析,而分析则扼杀了流动的东西。生命哲学当然是主张从成长的进程方面来解释事物的。但是,我看,柏格森的观点导源于19世纪的目的论生物学。浪漫主义哲学如谢林、费希特和黑格尔(一定程度上)从哲学上极力推崇目的论生物学。柏格森哲学也从他同时代的德国哲学和迈内·德·比兰那里吸取营养。

贾: 在德国浪漫主义潮流中,您最赏识的思想家是哪一位?诺瓦利斯还是施勒格尔兄弟?

伯: 诺瓦利斯说过许多有深度的东西,有时候很古怪,有时候很精彩。弗里德里希·施勒格尔的言论常常是含糊的、朦胧的和晦涩的,但有些令人惊叹不已的洞见。我对他的兄弟奥古斯特·施勒格尔不大有兴趣,他是德·斯塔尔夫人的朋友(好像是斯塔尔夫人的孩子的导师吧),他大大扩充了文学史的范围。谢林的著作包含不少令人鼓舞的段落。有时候他写的也是一片朦胧,而后来他从朦胧中走出来,进到一处明朗的境地,人们才能理解他关于艺术、关于创造力的言谈,那绝对是
157 精彩的。谢林的《美学》非常有启发性。

贾: 谢林对19世纪的欧洲思想有很大影响。

伯: 对。谢林对法国影响就很大。我不知道谁把他的著作翻译成法文,但起码他间接影响了法国诗人,如内瓦尔和青年的泰奥菲尔·戈蒂埃,甚至影响了维克多·雨果,也许还有其他人。德国的形而上学经过斯塔尔夫人和埃德加·奎尼在法国一度很流行,影响了彼得勒斯·

鲍莱尔[1]等较年轻的浪漫主义者。他们中有些人不大有才华，但是他们的书广为流传，他们为营造浪漫主义的兴起所必要的精神氛围做出了贡献。

贾：因此较之法国的浪漫主义，您更欣赏德国浪漫主义？

伯：感兴趣，很感兴趣，而不是欣赏。我认为浪漫主义基本上是德国人的创造，部分地是由于法国的主导地位而造成德国人长期以来的耻辱心理的结果，是对启蒙运动的反动。歌德对待浪漫主义者的态度颇有些矛盾，他称赞赫尔德，但总的来说又鄙视浪漫主义者。两千多年来人们都认为全部真正的问题必须有一个正确的答案而且只能有一种正确的答案。人们读了浪漫主义的作品之后觉得，有些答案不是被发现的而是被创造的。准确地说，道德价值和政治价值不是被发现而是被创造的。我不想说这种看法是正确的，但这确实是某些德国浪漫主义者所信奉的观点。民族主义就是由此产生的：人们过去和现在的所思所行之所以是这样的，那是因为他们信仰某种理想，某种生活方式，而这全然由于那是德国的——是我们自己的。我们德国人之所以要过这种生活，与它的好坏对错无关，而仅仅是因为那是我们的生活方式，是我们的传统，是我们的先辈创造的，是我们自己生命的源泉和发展， 158
因为那是我们的，是我们自己的，我们甚至要不惜用自己的生命来捍卫它。赫尔岑曾经说过："人们唱歌之前歌在哪里？人们走路并且量度之前行程在哪里？哪里也不在。我们唱歌之前哪里也没有歌，歌在被创作之前是不存在的。"同样道理，价值、观点、生活方式是人们创造的，是做出来的，不是被发现的。与发现和分析相对立的原创性的基本艺术，是浪漫主义的中心概念。它与客观价值的哲学（永恒哲学）相矛盾，这种客观价值（不管是怎样发现的）的哲学统治着西方历史，从柏拉图到

---

[1] 波德莱尔曾把自己的论文《变兽妄想患者》题献给彼得勒斯·鲍莱尔（1809—1859）。波德莱尔像称赞阿洛伊修斯·贝特兰那样称赞他。安德烈·布列东也对《伤风败俗》作者的黑色幽默表示好感。

当代的实证主义，从未间断过。这种巨大的哲学构架还没有被推翻，但
已经被浪漫主义敲出了裂缝。至于我们呢，客观的发现和主观的创造
这两种传统都继承着，我们在两者之间彷徨，徒劳地想把两者结合起
159 来，无视它们是不可结合的。

第五次对话

个人印象

19 世纪的俄国思想

贾：也许现在我们可以谈谈俄国思想家以及德国的浪漫主义对他们的影响。

伯：影响不深。俄国思想家们读德国浪漫主义的作品。如果你问浪漫主义对他们有什么直接冲击，这么说吧，普希金当然喜欢拜伦，受拜伦鼓舞。莱蒙托夫受拜伦的影响也很深，他还受德国某些浪漫主义诗人的影响。他们两人读的是拜伦作品的法文译本。那时候能顺利地阅读英语的俄国作家不太多，但他们很多人都能读德语。茹科夫斯基（普希金的老师）读过歌德（他翻译的《魔王》很不错），我想海涅他也是读过的。可以说，俄国的知识分子是德国老师的学生。他们有些人甚至在 18 世纪就去德国上大学，特别是哥廷根大学。在法国大革命之后，去德国上大学的人就更多了，因为俄国政府认为，法国在意识形态上显然是一个危险的国家，而德意志在政治上则是保守的公国或侯国的安全的聚集地。

贾：您记得去德国留学的俄国思想家都有谁呢？ 163

伯：茹科夫斯基去多帕（在爱沙尼亚），上一个德语大学——富有诗意的伦斯基，在普希金的诗体小说《叶甫根尼 · 奥涅金》中，它被描述为有一颗哥廷根的灵魂。屠格涅夫、巴枯宁、斯坦科维奇等人在柏林和别的德国城市的大学读书（其中有些人跟谢林有书信往来）。屠格涅夫和巴枯宁以及他们的朋友都听过德国著名学者和思想家的讲演。当然，也有些德国学者在俄国大学教书。那时候，比如，帕斯捷尔纳克去马堡，在新康德主义者赫尔曼 · 柯亨指导下研究哲学是再自然不过的事了。列宁政权的首席法官也曾到德国留学。俄国的历史学家受过伟大的德国历史学派的深刻影响。

贾：巴黎也是俄国知识分子文化上的麦加。

伯： 那是在 18 世纪的事情，到 19 世纪巴黎则是左派政治思想家的麦加，因为在巴黎可以见到圣西门、傅立叶、路易·布朗、布朗基、勒鲁、蒲鲁东和马克思等诸如此类的人。俄国流亡者也去巴黎。那时巴黎处于政治上的发酵状态。

贾： 黑格尔和黑格尔主义是怎样逐步支配青年俄国知识分子的思想的？

伯： 首先因为黑格尔是占统治地位的德国哲学家，当时的俄国在智力活动上可说是德意志的一个省。19 世纪上半叶俄国大学的精神食粮是由德国思想潮流来提供的。

贾： 黑格尔著作也被译成俄文了吧？

164 **伯：** 当然。但是他们读的还是德文版。巴枯宁、赫尔岑和屠格涅夫等人都懂德文。别林斯基不读德文，巴枯宁向他讲解黑格尔的学说。在莫斯科和彼得堡不断地举行关于德国形而上学的讨论，特别是关于历史哲学和伦理学的讨论。

贾： 但是，巴枯宁强烈地反对德国。

伯： 他不反对黑格尔，他早期是个左派的黑格尔主义者。在政治上他反对普鲁士。

贾： 在他跟马克思的讨论中看得出来，他强烈地反对普鲁士。

伯： 是的。但是，你知道，是他最早把马克思的《资本论》翻译成俄文的，只译了一卷，后来发生了极其激烈的争吵，天知道为什么。

贾： 涅恰耶夫怎么样？

伯： 我说的这些全是在涅恰耶夫之前的事情。

涅恰耶夫和虚无主义

贾： 您觉得涅恰耶夫怎么样？

伯： 陀思妥耶夫斯基在《群魔》这部小说中生动地描述过涅恰耶

夫。他有点狂暴，有犯罪的倾向，在瑞士他欺骗了巴枯宁和奥格列夫，他是一个给俄国解放事业造成巨大伤害的极端恐怖主义者。当然他也有狂热的献身的勇气。我记得有个同谋者于1881年去监狱看他的时候说，他们有足够的手段帮助他越狱或者暗杀沙皇，但是只能二者择其 165
一，他们该怎么办呢？涅恰耶夫毫不踌躇地说“杀死沙皇”，后来他就死在狱中。看来他还是有较强的人格魅力的。他被囚的“彼得与保罗”要塞的看守们也被他感化了。

贾：您认为涅恰耶夫是俄国虚无主义的主要人物吗？

伯：不，他不过是个边缘人物。谁是虚无主义者？没有哪个党派自称是虚无主义的。虚无主义不过是反对他们的人指责他们否认一切道德价值所使用的一个词罢了。在俄国19世纪60年代有个叫“地狱”的极端雅各宾式的革命恐怖主义分子的团体，还有个叫“土地与自由”的庞杂的民粹分子的团体（其中又分很多派别）。卡拉科佐夫是“地狱”的成员，曾企图暗杀沙皇亚历山大二世，但没有成功①。后来，亚历山大二世被“人民意志”（跟“土地与自由”有联系的一个密谋组织）的一个成员刺杀了。俄国的激进的左派没有一个正式名称。比如，陀思妥耶夫斯基所属的19世纪40年代后期的一个叫“彼德拉舍夫斯基小组”的团体（为此他被判死刑）是傅立叶信徒的组织。赫尔岑和巴枯宁的志同道合者们没有组织，没有名称。他们只有些多少是共同的事情要做，但
没有正式的奋斗目标。 166

屠格涅夫

贾：屠格涅夫的《父与子》中的巴扎洛夫这个人物，跟涅恰耶夫是

① 这事发生在1866年4月。卡拉科佐夫于1881年3月1日被杀害。他所组织的极端派别由热里亚波夫和索菲·彼罗夫斯卡娅领导，后者是一个将军的女儿。

不是同一类型的人？

伯：完全不是。巴扎洛夫根本不是涅恰耶夫式的人物，他与恐怖活动无关，他热烈地相信科学真理和据此而采取的理性行动。

贾：但是，巴扎洛夫是个虚无主义者。

伯：那是小说《父与子》中一个人物这样叫他的。“虚无主义者”实际上是屠格涅夫发明的，至少是他使这个词流行起来。谁也不知道到底是谁第一次使用这个词。据说它来自维多利亚时代的小说家博博雷金。这个词的本义无非是拒绝一切可以科学地证明的东西，而不是拒绝一切价值。虚无主义并不是总体上要拒绝资产阶级所相信的一切，而是宣称任何东西都可以信，只要它能够理性地确立起来。对此笔下最雄辩无碍的是彼萨列夫，有人说他就是巴扎洛夫的原型。屠格涅夫号称曾景仰过巴扎洛夫，而这不过是一个针对左派攻击的防卫性手段。在这些左派人士中他最了解的是评论家车尔尼雪夫斯基和杜勃罗留波夫。车尔尼雪夫斯基是真正的俄国民粹派社会主义之父，列宁对他十分重视。屠格涅夫、托尔斯泰、赫尔岑和陀思妥耶夫斯基都认为他是愚钝的、枯燥的、微不足道的小人物。

他们都说他是令人生厌的、三流的凡夫俗子，不理解生活，不理解文学，不理解人们靠什么生活。而杜勃罗留波夫则是一个充满活力的文学评论家，一个尖刻的激进分子，他在《真正的白天什么时候到来》一
167 文中对屠格涅夫的小说做了极为严厉的批评。

贾：您是怎样研究屠格涅夫的？

伯：就是读他的作品，没别的。

贾：您翻译了他的《初恋》。

伯：我还翻译了他的其他两个作品。一个是名为《海上大火》的小故事，一个短篇小说；另一个是剧本《村中一月》，最近刚在国家剧院上演。

贾：那也是接受委托吗？

伯：是的。《村中一月》是应导演彼得·霍尔的要求翻译的。《初恋》是应出版商哈米什·汉密尔顿之约翻译的。《海上大火》的翻译不是接受委托，那个故事非常吸引我，因为它完全是自传性的。《初恋》也是自传性的。

贾：大概您比较欣赏屠格涅夫的《父与子》。

伯：是这样的。我做过一次评论这部小说的讲演，后来发表了。我觉得《父与子》是一部政治性的杰作。

贾：屠格涅夫遭遇的冤屈太多了，正如您在评论中说的。

伯：是的。托尔斯泰说他浅薄。革命者嫌他不够左。反动派骂他是邪恶的激进分子。他从不属于任何党派。

贾：为什么屠格涅夫不是作为一个俄国的政治思想家而著名？ 168

伯：他不是以政治思想家而闻名，而是以小说家和散文家而闻名。他是西方式的典型的渐进主义的自由派人士。他的思想不太新颖，但他是一个令人惊奇的小说家。他非常敏感，非常理智，善于讽刺而又实实在在，很有魅力而又不鲁莽。就作为政治思想家而言，他比不上（比如）圣伯夫，也比不上维克多·雨果。

贾：在您的论文中，您指出，事实上，“就气质而言，屠格涅夫与政治无关，他常常被人们描述为一个纯粹的唯美主义者，笃信艺术的目的就是艺术”。

伯：是的，他在世时是这样，死后人们也是这样看他的。但是，他的小说多数都与俄国的社会矛盾深深联系在一起。法国作家认为他是一个杰出的作家，我想是福楼拜先这样说的。福楼拜还给予他“唯美主义者”这个美名。亨利·詹姆斯认同对他这样的评价，并且拜访过他，崇拜他。屠格涅夫不仅是个唯美主义者，而且是个非常高明的文体家，可以说是继普希金之后俄国最优秀的文体家。但是，在19世纪，没有哪个正派的俄国人不遭政权折腾的，如果你是一个作家，你会觉得有义务公开地发表意见。屠格涅夫的小说深切地关注俄国的社会问题。他有他的政治立场。别林斯基也是这样的。别林斯基是一个热情的道德思想家和社会思想家,虽然在理论上他只不过是个文学评论家。别林斯基对赫尔岑和屠格涅夫有很大影响,对陀思妥耶夫斯基也有些影响,对托尔斯泰则几乎没有影响。

贾:您在论文中拿赫尔德跟屠格涅夫相比较,说:“屠格涅夫在高度发展的形式上具有赫尔德称为移情的东西。”

169 **伯**:是的,屠格涅夫有这种移情的洞察能力,因而他能了解农民,实际上他比托尔斯泰更了解农民。托尔斯泰所描述的农民是用纸糊成的理想化的农民,屠格涅夫描述的农民绝对是真实的农民。也许托尔斯泰有点忌妒。屠格涅夫在一封信中说过这样的话(我记得不太准确):“我做了一个奇怪的梦。我梦见我坐在我们乡下房子的走廊上,有一群从我的庄园来的农民突然出现在我面前。他们说,‘主人,我们要绞死你,但是,别急,如果你要做祷告的话,我们可以等一下,请吧。’”这就是屠格涅夫的典型特征:在他心目中,农民是正派的好人,相当文雅和有礼貌,他们要绞死主子是因为他们认为这样做是对的。托尔斯泰永远不能容忍这样的事情。

贾:您对巴扎洛夫怎么看?您认为他是“第一个布尔什维克”吗?

伯:是的。他是个极端分子,他排斥一切资产阶级的文化和文学,他以为这一切都毫无价值。在他眼里唯一有点价值的东西是科学的唯物主义。科学唯物主义告诉我们,要依据科学教给我们的关于我们生活在其中的大自然的知识来设计我们的生活。他是个有感情的人,但是他说服自己否定艺术,否定唯心主义,否定自由主义,不能容忍不同意见。他的社会性的狂热劲头是布尔什维克的典型表现。

贾:或者是无政府主义的典型表现。

伯:不,无政府主义者对不同意见持宽容的立场。他们不反对艺术家。他们反对权威和政府,而不反对想象、美、文学、个人的关系。生活、思想、情感还是自由的。

贾： 您昨天说巴枯宁要消灭大学就是一种不宽容行为，一种狂热行 170
为，是吧？

伯： 当然是的。但这不是无政府主义的典型特征，这只是巴枯宁的特征。

贾： 因此，根据您的看法，巴扎洛夫这个人物既不像巴枯宁也不像涅恰耶夫，对吧？

伯： 不像他俩，而像政治家彼萨列夫。涅恰耶夫是非常刚愎自用的，他是个吹牛家和蒙混者，完全不讲道德。他告诉巴枯宁在俄国出现了一个拥护巴枯宁的强大的民众运动，其实当时根本就没有这回事。他还瞎编乱造，说民众是怎样怎样被组织起来的。巴枯宁听了自然非常激动并采取了相应的行动。这一切情况你可以在一本写得很好的法文书《以暴易暴》中读到，作者是米歇尔·孔菲诺，一位著名的以色列的俄国史家。

贾： 屠格涅夫为什么要精心塑造巴扎洛夫这个人物？

伯： 屠格涅夫想了解年轻人。他终生都想了解年轻人有什么感受，他也希望年轻人喜欢他。他憎恶反动派，他就跟反动派的对手（年轻人）亲近。他也想过，有些年轻人，比如巴扎洛夫之类，所谓“六十人团”，走得太远了，他担心他们可能有不幸的结果，但是他又希望讨这些年轻人的欢心，赢得他们的同情。对屠格涅夫来说，巴扎洛夫这个人物形象代表了对他自己那一代人的反叛，即对19世纪40年代自由主义者
的反叛。他对年轻人，既担惊受怕，又十分喜爱。 171

陀思妥耶夫斯基

贾： 陀思妥耶夫斯基在《群魔》中所描述的人物有没有跟巴扎洛夫是同一类型的？

伯： 没有，因为陀思妥耶夫斯基痛恨激进分子。你知道，1849年前

他自己就是一个激进分子。后来，他认识到激进分子是破坏性的唯物主义者，是一股邪恶的势力，反对用基督的信念教化人。他听说，涅恰耶夫涉嫌杀死一个同党(显然是叛徒)，因为涅恰耶夫认为共谋犯罪能使党内更加团结，这时候，他更加相信一切革命者都是会那样干的。《群魔》指的是《新约》中的记述——基督令恶魔们误入一群狂奔乱突的猪猡中，后来一一都淹死了。这就是陀思妥耶夫斯基使用“群魔”这个概念的出处。他认为，革命者会使普通人着魔，直到他们不可避免地毁灭自己。在他看来，革命是一条自我毁灭的道路。涅恰耶夫就是一个受革命精神毒害的极端例子：说谎，不讲道德，杀人，这都是亵渎圣灵的罪恶，没有一点人性。

贾：陀思妥耶夫斯基以某种方式预见过俄国革命和斯大林主义的到来，您不觉得他是一位预言家吗？

伯：是的。我确信他会以现在的索尔仁尼琴的方式做出反应的。索尔仁尼琴以为他自己像托尔斯泰，其实他更像陀思妥耶夫斯基。

172 **贾：**为什么陀思妥耶夫斯基谴责屠格涅夫？

伯：因为他觉得屠格涅夫是个西化的人，背叛了俄国精神的志向。他在巴登-巴登时向屠格涅夫提过这样的意见。屠格涅夫是个崇拜西方的自由主义者，是知识界的一员，而救赎之道在于神圣的俄罗斯，只能靠俄罗斯自己。

贾：您从未著文谈过陀思妥耶夫斯基，出于什么考虑？

伯：我知道陀思妥耶夫斯基是个很有才华的人，但我觉得他的生活哲学不大能让我同情，在我看来，宗教味太重，跟牧师布道似的。而且，我读他的作品，会变得灰心丧气(它的感染力特强)。如果一个人突然意识到自己被梦魇缠住，处境窘迫，险象丛生，他会渴望解脱的。我不想著文谈论陀思妥耶夫斯基。他写的东西我觉得太强烈了，太阴暗了，太可怕了。我是个无可救药的世俗之人。他那种基督教模糊了圣洁与疯狂的界限。

贾：像卡夫卡？

伯：不像。卡夫卡的作品更能让人产生同感，他更趋于现实主义。他用讽刺手法描述一切东西，而被描述的东西都是很自然的。陀思妥耶夫斯基像一面放大镜。在太阳光下，如果你把一面放大镜放在一页纸上，纸就会被烧焦，它就变形了。这就是陀思妥耶夫斯基对待现实情况的态度。阳光如此强烈，它把纸烧坏了。这个比喻是评论家米哈依洛夫斯基说的，说得对。他称陀思妥耶夫斯基为"残酷的天才"。陀思妥耶夫斯基当时确实太残酷了，像 D. H. 劳伦斯或者克努特·汉姆生。

贾：那是天才的阳光。

伯：不，是火光，现实被歪曲了。

贾：谢尔盖·布尔加科夫评论过，陀思妥耶夫斯基通过小说表达了 173
俄国知识阶层在道德上的苦恼和良心上的弱点。您同意他的看法吗？

伯：不，我不同意。因为我站在俄国知识阶层一边。如果他们犯什么糊涂，他们在本质上也是神志清爽的人，我反对布尔加科夫的看法。布尔加科夫自己也曾是其中一员，后来改变了立场。在当了神父之后，他才做出了那样的评论。1905 年革命之后，有些寻找灵魂拯救的人，以为俄国知识阶层犯了错误。1905 年对他们来说是一场破产。那些人原来也曾站在左边的，现在迅速向右转，反对根本的改革，反对一切政治行动，而且转向内在世界，企求在个人的自我改造中获得拯救。

贾：别尔嘉耶夫也是这样转向的？

伯：是的。

贾：舍斯托夫怎么样？

伯：我钦佩舍斯托夫。别尔嘉耶夫很聪明，他所写的关于共产主义的起源以及俄国思想家的观点是很精明的，但是，到他写自己的神学著作时，我就不敢恭维了。我对神学没有兴趣。舍斯托夫则是个实实在在的思想家，不受哲学教条的束缚。他敏感、宽容，有深刻的哲学见解。首要的是，他不夸大其词。

贾：您认识舍斯托夫吗？

伯：不认识，以前我根本不知道有他这个人，他死之后我才听说过他。他的真名叫史华茨曼，是一个俄国犹太人。他从未改宗过，即使他
174 比较赞成一些东正教的教义，因为据说他怕改宗会令他父亲太难受。在法国有人读他的书吗？

贾：他不是一个很知名的作家。也许因为他的书是很早以前翻译的，在书店很难买到。

伯：真遗憾。他的书被翻译成英文，而译本也太陈旧了。我向人们推荐他的书时，人们都很喜欢。我只为两个作家做过宣传，一个是赫尔岑，另一个就是舍斯托夫。他俩都很正派，思想开明，胸怀坦荡，陀思妥耶夫斯基可不是这样。

亚历山大·赫尔岑

贾：说到赫尔岑，为什么您认为他还是个人们不大了解的思想家？

伯：因为他的著作没翻译过来。他的自传也不过大约在 6 年前才全部译成法文，英译本虽然第二次世界大战前就有了，但鲜为人知。这部自传最近出了四卷本的精装版，引言是我写的，现在读的人多一些了，但也多不到哪儿去，比不上契诃夫和屠格涅夫。英国人一般要花上一段时间才会对外国作家表示应有的欢迎。

贾：赫尔岑对俄国的政治思想有什么影响？

伯：这是一个很有争议的问题。新近在美国出版的一本书讨论了这个问题，我还没读。最初，赫尔岑是俄国激进主义之父和主张平均地
175 权的社会主义之父。他是著名的俄国流亡者，到达伦敦之后就创办最早反对沙皇政权的革命刊物。他认识一些著名的西方自由主义者，如米什莱、雨果、马志尼、加里波第，他们也很尊重他。这样，西方人才逐渐知道俄国也不是一个僵化的专制王国，其内部也有赞成自由社会的

运动。米什莱反对俄罗斯而同情波兰。赫尔岑有一封写给米什莱的出了名的信,不同意说俄罗斯只有许许多多野蛮的民众。赫尔岑之所以重要,因为他确实是俄国激进主义之父、社会反抗运动之父,这都是光辉的业绩。俄国早期的社会主义团体大概就是陀思妥耶夫斯基年轻时参加的那个彼德拉舍夫斯基小组。不要以为参加这个由傅立叶信徒组成的小组的成员,只是一小撮无组织的持不同政见的学生。实际上他们制定并图谋实现充分的社会主义纲领,影响非常深远。比如说,影响了车尔尼雪夫斯基,也影响了著名的讽刺作家萨尔特科夫。但是,赫尔岑比其他人更有才华,列宁也承认他是俄国鼓动公众反君主专制的奠基者。到 19 世纪 60 年代末期,俄国的左派人士觉得,赫尔岑太温和了,太自由了,不够坚决,但是,仍然是赫尔岑在推动左派人士前进。赫尔岑最早称赞十二月党人是自由解放的斗士。他是蒲鲁东、路易・布朗、勒德鲁-罗兰、马志尼等这些意大利和法国革命者的朋友和合作者,是这些革命者在俄国的代言人。他在伦敦出版的报刊《北极星》和《钟声》等是当时的地下出版物,跟其他遭禁止的书刊一起,哺育了俄国的
革命运动。到苏联时期,赫尔岑成了崇拜的偶像,虽然(有点矛盾)他强 176
烈地反对共产主义,特别是讨厌和鄙视马克思主义和马克思主义者。

贾: 在您看来,赫尔岑属于那类生活在新旧交界处的人物吧?

伯: 是的。赫尔岑提到他在莫斯科的小组时说过"我们是两面神"。他在莫斯科的沙龙里会见过斯拉夫派的人并和他们友好地交谈,他写道,当我们一些人面向西方而另一些人正视斯拉夫的过去时,我们大家的心都碎了。

贾: 您在文章中指出,赫尔岑渴望做一些他自己和他的国家都忘记不了的事情。

伯: 他当然是有雄心壮志的。别林斯基也经常鼓励他。别林斯基当时是一个著名的激进的批评家(死于 1848 年)。别林斯基读了赫尔岑的小说《谁之罪?》之后告诉他,不仅要为俄国文学史而活着,而且要

为俄国的历史而活着。他的确这样做了。赫尔岑的小说不是第一流的,但是很有意义,在政治上有深刻的见解。

贾:您觉得赫尔岑的《往事与随想》怎么样?

伯:《往事与随想》是一部天才的著作。它涉及整个19世纪大部分令人难以忘怀的事件,是卢梭之后最好的自传性著作,我看在某些方面比卢梭的《忏悔录》写得还好。真是一部无与伦比的杰作。

177 **贾:**赫尔岑似乎也受到了黑格尔的影响。

伯:那时候在莫斯科和彼得堡两地的大学都受黑格尔的影响。我认为,那些俄国人都不了解黑格尔哲学有多保守,除了别林斯基。别林斯基是了解的,虽然俄国马克思主义者从未承认这一点。他们把别林斯基看作一位伟大的人物,所以如果他反对黑格尔,他肯定是误解了黑格尔。实际上别林斯基才最充分地了解黑格尔。他读俄文版或法文版的黑格尔著作,他不懂德文。

贾:为什么赫尔岑要写《往事与随想》?我之所以问您这个问题,因为我觉得《往事与随想》没有一个主题。

伯:他写《往事与随想》,部分原因是要使他自己从一系列可怕的痛苦中挣脱出来。他的爱妻被一个名叫乔治·赫尔维格的德国诗人(马克思和瓦格纳的朋友)拐走了。他看清了这引诱者的无耻行径而忧愤交加。妻子回来不久就死了。他的母亲和一个孩子在前往法国尼斯市(他在那里等候她俩)的途中碰上轮船失事而身亡。因此,1850年和1851年是他非常不幸的年头。部分原因是要抒发他的感情而开始写日志,延续了好几年。把感情体验记录下来有时会使感情更加持久。他是一位了不起的很有才华的作家。他的人品是第一流的。连埃德蒙·德·龚古尔这样尖酸刻薄的社会观察家,几年后在巴黎的沙龙会见他时,对他的才华和人品也十分感动。他这个人朝气蓬勃,具有非凡的魅力和勇气。

贾:俄国社会主义运动中那种强调自由意志的人本主义的深厚传

统,到1917年被否定了。这个传统是不是可以追溯到赫尔岑?

伯: 对。虽然正如我告诉过你的,赫尔岑也是官方的共产主义者的一个圣人。178

贾: 所以,在1917年以后他的书仍然被俄国人广泛地阅读。

伯: 是的。在1905年以前,赫尔岑的书在俄国要经审查才能出版。他的短论集部分是用德文出版的,部分是用法文出版的。他的回忆录的第一个俄文版本出现在1905年,正值第一次俄国革命爆发期间,就我了解,以后他的著作的出版就不再遭到限制了。

贾: 您在论文中把赫尔岑和巴枯宁相提并论,说他俩都把个人自由的观点置于自己思想体系的中心地位,但是,我想他们两人之间是有很大差别的吧?

伯: 他们两人之间当然有很大差别,赫尔岑也知道这一点。但是,作为个人来说,他还是喜欢巴枯宁的。他不知道巴枯宁写过那份有名的"忏悔书"。我是指巴枯宁在监狱里写给沙皇的那封信,它否定一切革命活动并表明他自己与革命活动毫无关系。这份摇尾乞怜的文件(实际上也没有给他带来好运)到1923年才公之于众。在追求个人自由方面,巴枯宁走得太远了。赫尔岑不赞成暴动,他认为一场真正的革命只有经过教育和训练来实现。时机未到的暴动势必使旧制度的恶习在新制度中改头换面地重新出现。赫尔岑曾经说过(又是据我的回忆),不能用监牢的砖头为自由的民众盖一所房子。在一封给巴枯宁的公开信中,赫尔岑告诉他,匈奴国王阿提拉的方法(他称之为"巨石主义",Petrograndism)是没有用的。赫尔岑的意思是,在民众做好准备以及懂得如何过自由生活之前就举行革命,其结果是民众仍然保持着过去囚犯般的旧习惯,毫无改观。

贾: 因此,您认为赫尔岑的思想跟约翰·斯图亚特·密尔或托克维尔颇接近? 179

伯: 只在某些方面(而不是整体)接近。赫尔岑不喜欢托克维尔,他讨厌托克维尔的行为。1848 年时,赫尔岑在巴黎参加一次政治集会,当即被警察逮捕,他在被押往警察局的途中看见托克维尔。托克维尔当时是法兰西第二共和国的外交部长。他从前碰到过托克维尔,就请求托克维尔证明他的身份从而释放他。对此,赫尔岑后来这样写道:托克维尔回答说,司法部门和行政部门之间恐怕没有联系,这是两种不同的权力系统,因此他毫无办法。当然赫尔岑认为这不是真正的理由。托克维尔是个很冷淡的人,他不想介入一位不光彩的俄国煽动者的麻烦事。

贾: 这真令人惊讶。托克维尔还是个官僚权力的严厉批判者呢!

伯: 托克维尔是非常小心谨慎的。我怀疑要是碰到战争的话,托克维尔会不会参加法国抵抗运动。或许他不会和纳粹合作,但我想他也不会加入地下组织。而赫尔岑会的。

贾: 赫尔岑是一个比托克维尔更有浪漫精神的思想家。

伯: 他只是更勇敢。他一直在为自己的信念而斗争。

贾: 为什么他转向西方而不参加斯拉夫派?

伯: 因为他认为斯拉夫派是错误的。西方不雇用农奴,走的是通往民主的道路,西方的生活显然比较自由,个人的尊严也被尊重,不像在
180 俄国那样。那些有着人的尊严感以及怀有帮助被压迫者的意愿的正派的俄罗斯人,都是面向西方的。甚至主张中央集权的斯拉夫派也反对俄国的官僚政治和尼古拉一世对国家的控制:他们主张某种自由的神权政体,他们想象着在彼得大帝之前或者恐怖的伊万之前实行的就是这种政体——实际上那是一种乌托邦。赫尔岑亲西方,主要是因为在俄国充满野蛮行径、奴隶制、压迫、愚昧、审查制度和肉刑。官僚和地主可以随意鞭打无罪的人或者将他们流放到西伯利亚。在西方,一般来说,没有这种现象。

贾: 在俄国文学中西方派和斯拉夫派之间的分歧和争论怎么样?

伯: 阿波隆·格里戈里耶夫是斯拉夫派一位大诗人。著名的果戈

理也接近斯拉夫派。他不算是斯拉夫派成员,有些文学家以为他也属斯拉夫派,因为他笃信神灵和思想偏右。陀思妥耶夫斯基和列斯科夫是斯拉夫派一种特殊的同路人。丘特切夫也是斯拉夫派一位大诗人,或许他是普希金之后俄国最伟大的诗人。在职业上丘特切夫是一名外交官,他在威斯特伐里亚和都灵工作过。他是杰出的形而上学诗人,深切地同情斯拉夫派,虽然通常人们不把他与其他斯拉夫派诗人同列。

贾: 那么,在 19 世纪 40 年代,西方思想对俄国的冲击怎么样?

伯: 在哲学领域冲击很强烈。法国和德国哲学家给俄国的学术和知识分子生活以强烈的冲击。康德、费希特、黑格尔、谢林、圣西门、傅立叶等人被广为传颂。在 19 世纪 20 年代,俄国的大学开设有关德国的形而上学的课程。后来,大学被关闭,部分原因就是这些哲学家全都被 181
视为外国政府和基督教会派来的颠覆分子。虽然如此,哲学仍以改头换面的方式在教着。有一个叫作巴甫洛夫的哲学家假装自己是个生物学家,他的讲课往往是这样开始的:“你们想认识自然,但是,什么是认识?什么是自然?”然后他就引述谢林的解答。

贾: 俄国思想运动的源头在哪儿?

伯: 可以说,大约开始于 18 世纪晚期,那是俄国处在叶卡捷琳娜大帝统治之下。当时,狄德罗、伏尔泰、莫佩尔蒂等人的思想都很时髦。有一个由少数俄国有识之士组成的小团体,主张改善出身较好的青年人的教育,有时是指改善神职人员的儿子们的教育。真正的知识阶层到 19 世纪才产生,拿破仑入侵之后,俄国军官胜利地进军巴黎,看到西方自由的文明社会的状况,跟他们自己的国家相比,大不一样。正是这个时期。外国思想开始迅速地传入俄罗斯,开头是贵族阶层受西方思想影响,如普希金和他的朋友们,后来下层群众中有些人也受到影响。沙皇政府竭力缩小或制止一切西方思想的传播,可是制止不了。从那时起西方的各种学说系统地偷偷进入彼得堡和莫斯科,从而在道德上和政治上引起深刻的思想发酵。

知识分子和知识阶层

贾：如您所说，知识阶层这个词是个俄文词，当时是怎样开始使
182 用的？

伯：知识阶层（intelligentsia）这个词确是一个俄文词。有些波兰人说是他们发明这个词，不对。这个词是在19世纪70年代发明的，在此之前没有人说过它。发明这个词是用来描述到那时为止已存在了半个世纪的一种现象①。

贾："知识阶层"与"知识分子"这两个概念有什么不同？

伯：知识分子是指那些只对观念感兴趣的人，他们希望观念尽可能有趣些，正如唯美主义者是指那些希望事物尽可能美的人。知识阶层在历史上是指围绕某些社会观念而联合起来的人。他们追求进步，追求理智，反对墨守传统，相信科学方法，相信自由批判，相信个人自由，简单地说，他们反对反动，反对蒙昧主义，反对基督教会和独裁主义的政体，他们视彼此是为共同事业（首先是为人权和正当的社会秩序）而奋斗的战友。他们中的一位早在19世纪60年代就说过，他们这些人类似于骑士阶层，为共同的誓约，为不惜献出生命也要取胜的信念而团结在一起。你可以说18世纪巴黎的那些哲学家就是一个知识阶层，狄德罗、达朗贝尔、霍尔巴赫、爱尔维修、孔多塞等这些人，思想开明，有博爱心。他们相互了解，他们讨论相同的观点，有共同的立场，他们遭到共同敌人的迫害，而敌人就是教会，就是独裁主义的政府（那些扼杀真理、扼杀自由的不光彩的东西），他们觉得他们自己是为光明而战的斗士。知识阶层产生的前提是启蒙运动的信念，这种信念鼓舞人们起来跟反
183 动势力做斗争。这也说明，知识阶层作为一个有明确意识的群体为什

① 《俄国知识阶层的诞生》（1955），重印于《俄国思想家》。

么容易产生在有强大的反动教会（比如，罗马天主教或东正教）的地方。因此，法国、意大利、西班牙和俄国都出现了真正的知识阶层，而挪威和英国则没有真正的知识阶层。新教教会还不至于让人觉得它对自由和进步的观念构成严重的威胁。

贾：你们英国有知识分子吧？

伯：当然也有。也有激进派，但跟知识阶层不一样。他们没有团结奋斗，没有结成队伍。因为英国教会不是让作家、学者等受过教育的人感到要与之做斗争的对象。英国教会不是主宰着社会和政治局面的强大的压迫机构。俄国教会是俄国沙皇制度的顽固的同盟者，知识阶层非常厌恶它。这就是为什么陀思妥耶夫斯基不是他们中的一员，同样原因，契诃夫也不是，普希金也不是，托尔斯泰也不是，而屠格涅夫必是无疑。

贾：他们都是知识分子。

伯：不都是知识分子。我认为不能说陀思妥耶夫斯基是知识分子，他还讨厌知识分子呢！托尔斯泰并不怎么看重知识分子。不能说普希金、莱蒙托夫、丘特切夫、契诃夫是知识分子，正如不能称狄更斯、巴尔扎克、福楼拜、乔治·桑、勒南和尼采为知识分子一样。斯拉夫派的成员更不是知识分子，他们是以神学为旨归的作家。在19世纪，人们无法设想会有什么信教的知识阶层。到了20世纪，这才有可能。因为，有些神学家和教士，如别尔嘉耶夫和布尔加科夫，向左派
转变。而且，教士们在全国来来往往，那时“左派牧师”成了老生 184
常谈。

贾：在当今世界上，您认为哪些人是知识阶层？

伯：现在我看在纽约，在部分犹太人中，有些像知识阶层的人。一些作家、评论家、音乐家、美术家，相互维系着一种类似于当年的知识阶层中间的亲缘关系，这些人希望抵御反动力量和市侩作风，就像当年在

沙皇俄国反抗“黑百人团”那样①。布卢姆斯伯里文化圈②有点像是这样,但也并不是很像。英国没有知识阶层,或许撒切尔夫人会制造出一个来。我想我们不能说什么“苏联知识阶层”,因为他们不是真正的知识阶层。他们只是有文化修养的人,并无特定的道德或政治色彩。尽管有着重重阻挠,知识阶层还是在俄罗斯和其他共和国中残留下来了。这真是件了不起的事情。他们是旧的开化而仁慈的知识阶层的真正传人。我真不知道他们是如何保全下来或者是如何再度获得生机的——公开性把他们揭示和解放出来了。萨哈罗夫是知识阶层的典型代表。我为他的辞世深感悲痛,他的声音就是赫尔岑及其伙伴们的声音,经历了那些可怕的年月而奇迹般地保留了下来。

贾:索尔仁尼琴怎么样?

伯:索尔仁尼琴不是知识阶层的一员。他的声音是陀思妥耶夫斯基的声音。

185 **贾:**这样看来,斯拉夫派和西化派的矛盾一直延续到苏联,对吗?

伯:在一定意义上是对的。又能听见赫尔岑呼唤自由的洪亮的声音了。矛盾继续存在,只要存在着指令性经济,加上对非俄罗斯人行动的狭隘民族主义的衡量标准,争执就会继续下去,追求自由的党派会起来造反。索尔仁尼琴不是反对权威的,他反对的是特殊的共产主义的权威。而萨哈罗夫和他的朋友们才反对一切形式的非民主制度。索尔仁尼琴不是一个民主主义者,也不是斯拉夫派的一员。他关心捷克人、波兰人或斯洛文尼亚人吗?当然,人们可以从许多角度反对一种邪恶的统治。

贾:您觉得索尔仁尼琴是个知识分子吗?

---

① “黑百人团”一词源自哥萨克军团的名称,后来人们用它来称呼沙皇统治的最后年月出现的十分反动的反犹太主义的民粹派运动。

② 布卢姆斯伯里(Bloomsbury)在20世纪初是伦敦的文化艺术中心,曾有不少著名文人在此聚会。——编注

伯：很难说是知识分子。我看他既不是知识分子，也不属斯拉夫派。他对非俄罗斯的斯拉夫人漠不关心。他是一个俄罗斯的爱国者，酷似一个17世纪的信徒，起来反对彼得大帝及其推行的一切现代化，视尼康主教推行的教会改革为撒旦作怪，彼得大帝就是坐在王位上的魔鬼。这些人仍然忠于旧传统，拒绝跟已经历改革的邪恶的俄罗斯帝国打交道。我看索尔仁尼琴就像那种教派的基督徒。

贾：您认为现代化对俄国知识阶层的产生起什么作用？

伯：当然，凡事都有原因。没有现代化，西方思想就不能传播到俄罗斯。彼得大帝对里加和波罗的海沿岸的占领被认为是打开了一扇朝向西方的窗户。

贾：您似乎很接近于我们所说的中欧思想？

伯：我觉得中欧并不是一个独立的文化实体。它不过是古老的奥匈帝国的继承者，那里出现了和出现着不少很好的作家。他们是西方文明整体的一部分。 186

1848年

贾：让我们再回头谈谈俄国。为什么您认为1848年是俄国历史上的一个界标[①]？

伯：部分原因是出现了陀思妥耶夫斯基参加的著名的密谋事件，部分原因是俄罗斯帝国没有发生革命。俄国军队镇压了布达佩斯的革命，波兰革命也是几年前被俄国军队镇压的。俄国政权的支柱仍然屹立不动。1848年后有些俄国思想家觉得，既然巴黎和德意志左派革命都失败了，走西方的道路也许不能使俄国或任何其他国家通向自由，西方资产阶级自由主义者是不值得模仿的。车尔尼雪夫斯基和赫尔岑两

① 《俄国和1848年》（1948），重印于《俄国思想家》。

人对这些革命的失败刻骨铭心，他们考虑，俄国是不是应该走一条特殊的通向社会主义的道路，也就是德国人所说的“罪恶之路”。赫尔岑相信要“经过农民公社发展到社会主义”，而不是经过社会主义到农民公社。俄国必须走自己的路。在西方，1848 年的革命以失败而告终。俄
187 国不需要产生众多被压迫的无产阶级的工业资本主义，它可以不经过西方工业化的可怕后果而建设一个比较自由和公正的国家。这就是为什么 1848 年对俄国激进派来说是一个重要的年头。赫尔岑对欧洲发生的情况非常失望。而他早在一年前即 1847 年已经批评过法国的资产阶级，不是 1848 年革命才使他的眼光转回俄国，他的心从来没有离开过俄国。1848 年革命前他就不相信法国资产阶级。如果你读过他的从马林尼大街寄出的信，你会发现许多辛辣的语言，比如，他写道，费加罗[1]有一套仆人的制服，他脱掉这套制服便是一个自由人，但是对这些人来说，费加罗的制服是他们皮肤的一部分，他们脱不掉这套制服，他们生就是仆人的命。这全是 1848 年前写的。

刺猬和狐狸

贾：根据您关于刺猬和狐狸的分类[2]，我想人们可以认为您把赫尔岑看作狐狸。

伯：绝对是狐狸。

贾：顺便问问，您为什么做出这样的分类？

伯：我没有认真考虑过这一点。这样分类只不过是一种有趣的智力游戏，但我一旦这样做了，我还是很认真地对待它的。当然，任何分

① 费加罗是莫扎特根据法国剧作家博马舍的同名戏剧创作的著名歌剧《费加罗的婚礼》的主人公。——编注

② 《刺猬和狐狸》这篇短论发表于 1953 年，重印于《俄国思想家》。以赛亚·伯林引用了古希腊诗人阿基洛科斯（公元前 7 世纪）以动物形象来做比喻的诗句。

类都能说明某些东西，只是我的这种分类是极其简单的。

贾：那么，您没有考虑过您这样分类是否合理？

伯：你说的合理是什么意思？区分刺猬和狐狸合不合理？是的，这 188
样划分是不完整的。有些人既不像刺猬也不像狐狸，有些人既像刺猬也像狐狸。

贾：以普希金为例吧，为什么您把他列为头号狐狸？

伯：普希金不是那种力图依靠某个无所不包的体系来解释一切事物的人。而这正是刺猬的典型特征。普希金只是像他所感应、描述、写作的那样去感应、描述和写作。我的意思是，他从许多不同的角度表现他自己，一切以自己的心情为转移。而刺猬则总是力图依照他们所热衷的某个模式去联结和表现事物，他们常常运用某个统一的原则来观察事物和考虑它们的意义，而不是对事物本身感兴趣。

贾：您真的认为俄国文学有两极，陀思妥耶夫斯基为一极，普希金为另一极。

伯：托尔斯泰也是一极。他是一只很想当刺猬的狐狸。陀思妥耶夫斯基是一只真正的刺猬。这种两分法不仅仅适用于俄国。歌德是狐狸，而黑格尔是刺猬。

贾：您认为俄国文学中这两极的代表是谁？

伯：陀思妥耶夫斯基是一派代表，另一派代表是屠格涅夫。文学中任何一个领域都可以找出两派的代表人物。在法国文学中，维克多·雨果和福楼拜是不同两派的代表，阿纳托尔·法朗士和于斯曼也是不同两派的代表。

贾：在《刺猬和狐狸》一文中，您说托尔斯泰经常处于自相矛盾中， 189
他的艺术观与他的历史观自相矛盾。

伯：是的。托尔斯泰渴望有一个整体划一的观点，但是，他对各不相同的人物、事件、环境、历史时机以及对各种人和事的自身发展的细节，有着非常敏锐和无可辩驳的真知灼见，这使得他不能不径直地按照他的所见、所知、所感、所想、所悟如实地写出来。但后来他对当时发生的一切事情都加以谴责，因为那跟他在生活中形成的观点都不协调，这就是我想要表述的托尔斯泰的矛盾心情。

贾：那么，按照您的看法，托尔斯泰可以同时既是一个一元论者，又是一个多元论者？

伯：他的天性是一个多元论者，但相信的是一元论。他是一只狐狸，他想成为一只刺猬。矛盾就是这样造成的，特别在他后期的文艺作品中。

贾：您也拿迈斯特跟托尔斯泰对比。

伯：仅仅因为他们两人在描述战争和战斗时，对造成战争和战斗的原因有相同的观点。托尔斯泰在动手写作波罗底诺战役之前，读过迈斯特的书。战役进行时，迈斯特住在彼得堡，记述过首都发生过的一些事情。作为目睹某些俄国事件的有声望的外国人，他是一个重要的权威。我认为托尔斯泰不是有意识地模仿迈斯特，但是，迈斯特有关战斗的描写及某些观点——比如，虽然将军们以为他们自己在指挥战斗，驾驭战斗的进程，其实，实际发生的情况与他们的精心部署并不相似，而是决定于他们不能、别的任何人也不能控制的种种因素，战斗的胜败取
190 决于与指挥官们无关的许多心理因素——托尔斯泰是有同感的。这表现在托尔斯泰对拿破仑的狂妄自大很是看不起。拿破仑依仗德国军事专家精心炮制的作战计划，而不重视对实际状况的直接了解——首先是对战士们心中想的是什么的直接了解。托尔斯泰的意思是库图佐夫就是注重了解实际状况的。

贾：如您所指出的，他们两人都不赞成个人政治自由，都对技术抱怀疑态度，这不是很相似的吗？

伯：他们两人都是反现代的，除此之外，迈斯特崇尚权威，特别是崇尚教会，而托尔斯泰则认为权威是非理性的、压迫性的，国家政权既愚笨又不讲道德，所以要造它的反。

贾：考虑到《白痴》中的梅思金公爵跟《战争与和平》中皮埃尔这两个人物有相似之处，您觉得可以拿陀思妥耶夫斯基跟托尔斯泰相比吗？

伯：这两个人物都信基督教，但有不同。其实皮埃尔就是托尔斯泰的化身，他是个世俗的人。他的天性，对人的感情，他的本质，绝对是自然而本真的。梅思金则带有圣徒的光辉，他是一个无辜的受难者，一类灵魂的拯救者，一个神圣的笨蛋，他不是生活在现世，不是生活在平凡的、追求物欲的、充满罪恶的这个世界。我有个朋友，也是一位俄国思想家，曾经说过："20 世纪最像梅思金的人是查理·卓别林。"我不同意这个看法，但我懂得他的意思。梅思金看似愚蠢，但在根本上他代表真理。卓别林是一个道德败坏的社会中的好人，在影片中，卓别林代表着正派的人的感情，代表仁慈、天真、质朴、幼稚。皮埃尔可不幼稚。在某些方面他很天真但他绝不幼稚。别忘了，梅思金最后发了疯，回到了瑞 191
士，而在《战争与和平》的结尾皮埃尔则跟娜塔莎结了婚，过正常的生活。在这部小说的较早版本中，皮埃尔成了一个十二月党人。而陀思妥耶夫斯基对十二月党人却完全没有兴趣。梅思金不关心政治，不关心社会结构，他像个圣洁的儿童，对真理有直观的感受，基督活在他心中，他是文学作品中的基督的一个化身。

别林斯基

贾：我们回头谈谈屠格涅夫的《父与子》中巴扎洛夫这个人物吧。您怎么拿他跟别林斯基相比？

伯：别林斯基习惯于说苛刻的话。他这个人，谴责被他视为软弱的资产阶级的陈词滥调，谴责沙龙艺术、唯美主义、伪君子嘴脸，谴责超然的态度，特别是那种不屑于关注社会现实的超然态度。他亲雅各宾派，憎恶中庸态度。因此他讨厌他在巴黎时看到的知识分子作风，他认为那是故作聪明、虚有其表和自我放纵。他是个清教徒，对什么事情都想有明确的界限：是与否，黑与白，敌与友，等等。这就是他跟巴扎洛夫的相似之处。他不是屠格涅夫那样的自由主义者，也不是赫尔岑那样讨人喜欢的人物。他从一种主义转向另一种主义，他对真理的探索（首先是对道德真理的探索）是件令他痛苦的事情。他的朋友敬重他又同情他，并格外地尊敬他[1]。

192 **贾：**但是，他属于西化派。

伯：是的，他属于西化派。但这仅就信念而言，在气质上他与西化派不同。他对西方国家的访问并不令他高兴。他不喜欢德累斯顿，他讨厌拉斐尔画的西斯廷圣母。他旅居巴黎时也不愉快。

贾：您能不能把他跟赫尔岑比较一下。

伯：他们两人是好朋友。赫尔岑更稳重一些，更能察幽入微。也更明智一些，对西方文明的全貌以及俄国与西方之间关系的状况也更敏感一些。别林斯基比较明断，黑白分明、言辞尖刻、胸怀坦荡，而且有着坚定不移的正直。在赫尔岑看来别林斯基犹如始终保持正确方向的某种良心。当别林斯基认为什么是邪恶时，他就照实说，毫不妥协。绝不以艺术为借口来绕开社会问题。

贾：在 19 世纪的俄国，别林斯基的思想立场怎么样？

伯：他死于 1848 年初，在欧洲革命爆发的前夕。他是坚决站在对立面的。他鼓吹个人自由、思想自由，谴责束缚他的审查制度。他要求有权利法案，要求尊重法律，取消独裁政治和农奴制度，取消警察和地主的横行霸道。如果你要了解他的根本立场，那封《致果戈理的信》便是最集中的表述，该信批评果戈理的新封建主义。这封信成了整个 19

① 维萨里昂·别林斯基（1811—1848），是 19 世纪俄国最著名的评论家，鼓舞了两代人的思想，特别是鼓舞了所谓西化派人士的思想。他在卡拉耶夫斯基编辑的自由派杂志《祖国纪事》上发表文章（1840—1841）。后来他为著名诗人涅克拉索夫编辑的《当代人》杂志撰稿（1846—1848）。伯林谈论别林斯基的文章发表于《遭遇》杂志，1955 年（重印于《俄国思想家》）。

世纪俄国自由主义社会解放运动的《圣经》,是这个运动的崇高的宣言。在信中,别林斯基痛切地质问果戈理:“你,一个伟大的艺术家,怎么能捍卫这样可恶的制度?”该信为正直、自由、献身正义和真理,发出了伟大的号召。 193

贾: 果戈理也出版过一个小册子反对别林斯基。

伯: 确实是的。他写了一个叫《与友人书》的东西,但是读的人不多。果戈理是个实实在在的反动分子。他拥护家族制、地主制、农奴制和教会组织。他知道农奴的苦难,但不愿意解放他们。

贾: 别林斯基的艺术观怎么样?

伯: 从某一方面来说,他的艺术观相当粗糙。他往往会说过头话。别林斯基相信艺术的目标是追求道德真理和社会真理。他反对唯美主义,反对纯粹艺术的理想。他的文学评论有时很荒谬。而他对普希金的评论可以说是杰作。你要知道,在别林斯基时代,在那个特殊的社会,富于想象力的文学和艺术只能说本行的话,其实这是一种伪装,是力图通过谈论艺术来影射农奴制度,表达政治批评和社会批评。别林斯基也是这样做的,他做得很热心,很有说服力,很感人。在 19 世纪 40 年代、50 年代乃至 60 年代,托尔斯泰一直以为别林斯基是一匹粗野的、无艺术修养的老马,不了解人们的生活,直到晚年,他才觉得别林斯基相当不错。

贾: 别林斯基拒绝功利主义的艺术观?

伯: 是的。车尔尼雪夫斯基说他的艺术观是功利主义的,这不对。他不是功利主义者。别林斯基主张,艺术的目的是揭示人们看到的真理,不是通过说教的手段,而是使用形象的方法。在他看来,真理总是社会的真理,因为人生活在社会中,每一个人都生活在一个公共的结构中,因此他认为真正的艺术必定是社会性的。毫无疑问他是错误的,他太极端了。纯粹的艺术是有的,他不喜欢,仅仅把它看作一种幻想。 194

从帕斯捷尔纳克到布罗茨基

贾：说到艺术，我想问您有关帕斯捷尔纳克与阿赫马托娃关系的一些问题。一小时以前，我们谈到陀思妥耶夫斯基和托尔斯泰，正如您在《与俄国作家的会面》一文中所说的，阿赫马托娃讨厌托尔斯泰而崇拜陀思妥耶夫斯基，这是令人感兴趣的事实。

伯：是的。不过，很难用几句话说清阿赫马托娃对人生的看法。她有悲剧性的人生观，有点像西班牙的乌纳穆诺。

贾：您读过乌纳穆诺的作品？

伯：读过。

贾：您喜欢他吗？

伯：很喜欢。《生命的悲剧感》是一本好书。我在牛津听过他的一次讲演，印象很深刻。至于阿赫马托娃，她曾跟我说过，“托尔斯泰的道德观是错误的，他不应谴责安娜・卡列尼娜。他很清楚。那是他的莫斯科姑妈们的道德观。真可怕！”阿赫马托娃不喜欢契诃夫，因为他笔下的一切东西都是低调的、灰色的，一片污浊，“没有刀光剑影”。优秀的评论家 D. S. 米尔斯基也有同感（还有其他人持相同的看法，当然不是普遍的看法）。阿赫马托娃相信充满激情的人生、深刻的宗教和悲剧性的感情体验（这些东西在托尔斯泰那儿是找不到的），她在陀思妥耶夫斯基、卡夫卡和普希金那里发现了它。

贾：帕斯捷尔纳克受托尔斯泰的影响大吗？

195 **伯：**受影响不深。当然帕斯捷尔纳克了解托尔斯泰，因为他父亲认识他。他非常钦佩托尔斯泰。他从未跟我谈论过俄国文学，只谈论莎士比亚和普鲁斯特。

贾：可是，正如您在文章中说的，帕斯捷尔纳克觉得，不可能向托尔斯泰提出批评，因为他认为托尔斯泰就是俄罗斯，俄罗斯就是托尔斯泰。

伯: 是的,他这样说过。

贾: 不知道帕斯捷尔纳克翻译过莎士比亚的作品没有?

伯: 翻译过《哈姆雷特》。我相信还翻译过其他作品。

贾: 他英文很好吗?

伯: 不是太好,不过还凑合。

贾: 说说您跟谢盖尔·爱森斯坦的会见好吗?

伯: 我在《个人印象》一文中都说了。我没什么要补充的。他是个很有魅力、很有才华的人。我很喜欢他。

贾: 约瑟夫·布罗茨基怎么样,您说他很像阿赫马托娃。

伯: 是很像。阿赫马托娃跟我说过,他多多少少也算是她一手培养的。他钦佩和景仰她。他喜欢帕斯捷尔纳克和布洛克,但更喜爱曼德尔施塔姆、阿赫马托娃和茨维塔耶娃。曼德尔施塔姆、阿赫马托娃、茨维塔耶娃和奥登都是布罗茨基的万神殿中的神祇。 196

贾: 这些诗人中谁是您的万神殿中的神祇?

伯: 任何一个现代诗人都是。阿赫马托娃、帕斯捷尔纳克、布洛克和奥登都是。茨维塔耶娃不是,虽然她也是一个好诗人。我想,很难说清楚为什么一个人喜欢某个诗人而别的人不喜爱这个诗人。斯蒂芬·斯彭德的诗直接而深刻地向我说话,叶芝的诗也是这样。艾略特是个大诗人,但他的风格并不如此。

贾: 您喜欢英国诗人吗?

伯: 我刚才说过,有些英国诗人我是喜欢的。但我更喜欢俄国诗人,因为俄语是我的母语。我认为,写诗必须使用自己孩提时期所说的语言,对一个人来说最觉亲切的诗是用那种十岁以前所说的语言写成的。

贾: 一个月以前我正在读切斯瓦夫·米沃什评论帕斯捷尔纳克的一篇论文,实际上米沃什把帕斯捷尔纳克的诗看作是反理智的,您同意他的评论吗？

伯：我不同意。我知道他是什么意思。帕斯捷尔纳克在马堡时深受赫尔曼·柯亨讲演的影响。像布洛克一样，他读康德和一些德国形而上学家的著作，并从中吸取营养。现代作家中有谁像帕斯捷尔纳克在《日瓦戈医生》中那样谈论谢林？我认为，帕斯捷尔纳克很懂哲学，哲学也是他思考的范围。他是一个有深刻理智的聪明人，一点儿也不幼稚。很有才华却很愚蠢的诗人是有的，但帕斯捷尔纳克不是这样的诗人。

197 **贾：**能否举个愚蠢诗人的例子？

伯：有个法国诗人叫弗朗西斯·詹莫斯，我看他就是个愚蠢的诗人。他很有写诗的才华，但我可不敢恭维他是个聪明人。好像马志尼曾说过一个故事：有人问马志尼："你对加里波第将军有什么意见？"马志尼反问他："你去过动物园吗？"他回答："去过。"马志尼又问："你看见狮子吗？"回答："看见。"马志尼说："你会说一头狮子的脸上有很理智的表情吗？"

贾：我们再回到帕斯捷尔纳克吧。

伯：我记得我曾经用英文写过一篇关于帕斯捷尔纳克的短论，发表在杰出的学者、耶鲁大学教授维克多·厄利舍编辑的一本文集里。他认为这篇短论写得很好，我认为并不好。该文谈的是帕斯捷尔纳克诗中的活力论，他诗中所写的一切东西都是充满活力的，一切比喻都出于自然界的各种生物，没有毫无生气的东西，一切东西都充满力量，桌子、椅子、石头、山谷、颜色、模型等一切无生命的东西全被看作是处于连续不断的生命运动的相互作用之中。

贾：什么原因使您写这篇短论？

伯：那是为了纪念一个斯拉夫派的学者，我接受邀请去做一个讲演。我喜欢做个出租车司机，有人招手我就停下来。

贾：您曾对我说您非常喜欢布罗茨基。

伯：是的。他是现在活着的最伟大的俄语诗人。

贾：布罗茨基最近在巴黎，他做了一次关于诗的本质的讲演。按照 198
他的观点，诗人可以回答科学家和哲学家回答不了的问题。您同意吗？

伯：大概是的。他往往是正确的。

丘吉尔、魏茨曼和尼赫鲁

贾：现在我想问您一些关于丘吉尔的问题，您见过丘吉尔吗？

伯：见过，在第二次世界大战之后。他请我共进午餐。早在1944年时，他曾想请我共进午餐，以便讨论美国问题，因为我被认为是美国政治生活的专家。可是，他弄错了我的名字，实际被邀请的是著名作曲家欧文·伯林。因为有过那次误会，他想，还是应该宴请我一次。

贾：那次午宴之后，您还见过他吗？

伯：还见过一两次，都是在另外一些人的宴会上。

贾：您说过丘吉尔有巨大而圆融无碍的历史想象力？

伯：他的想象力有点像个中学生。在他看来，有些国家是历史性的，其他国家则不是历史性的。当然黑格尔做过这样的区分，但我确信丘吉尔不知道。他认为，德意志是历史性的民族，法兰西、意大利、中国大概也是历史性的民族。美利坚也是的，因为他母亲是个美国人。犹
太人也是如此。而阿拉伯人、非洲人、拉丁美洲人则不是历史性的。 199

贾：您也说过丘吉尔对外交事务抱一种浪漫主义看法。

伯：当然是的。我说的浪漫主义，是指丘吉尔靠理想化的想象了解外国，外国文化，他们现在是怎么样的和将来是怎么样的，等等，而不是靠仔细的经验性的观察。比如说，法兰西、德意志、英吉利、罗马、希腊和犹太人的天赋才智，便都是理想化的模式。

贾：您也认为哈伊姆·魏茨曼是浪漫主义的人物。

伯：能够把一个离散了两千多年的宗教团体或种族的成员凝聚起

来而创立一个新的国家，这样的人必定有浪漫主义的想象力。浪漫主义当然是对现实主义的挑战。可是，就我所知，魏茨曼也有深刻的现实主义思想。他对犹太人的状况有着非常现实的了解，也就是说，他了解犹太人都不愿意永远处于各个社会的少数派成员的地位。他本能地看出人们只有在这样一个国度里才能自由地发展，在那里，人们可以不必时刻担心别人如何看待自己，自己又该如何对待别人，自己的行为会不会让人讨厌，或者，自己的行为会不会引起别人过分注意，才不会老是担惊受怕——这样做对吗？他们会接受吗？（赫尔德早已表述过这样的看法，不过，据我所知，魏茨曼并不知道。）

贾：如您所说，魏茨曼不担心未来？

伯：不担心。他和丘吉尔都是不担心未来的人。他们都有坚强的意志和自信心。他们说，让未来到来吧，我们将为未来工作，决不后退，
200 永远向前！

贾：您认为魏茨曼和丘吉尔都是伟人吗？

伯：在我看来，伟人都是公众生活中的人物，他胸有成竹地引起某些重大事情发生，而在他担负这个任务之前，这些重大事情发生的概率都很低。伟人是造成历史转向的人，没有他，那样的转向几乎不可能发生。伟人往往导致历史发生谁也预料不到的转折。

贾：在当今世界上您认为谁是伟人？

伯：伟人也可能是坏人。按照我的定义，斯大林便是个伟人。他是迄今有过的最糟糕的人之一，但是他使俄国发生了没有他就不能发生的重大变化，即使其后果令人毛骨悚然。希特勒和其他一些大人物都是伟人。戴高乐是伟人，他大大地改变了法国的面貌，但他跟别的伟人不大一样。凡是伟人都留下了历久不变的影响。

贾：您认为甘地和尼赫鲁都属于伟人吗？

伯：是的，他俩都是伟人。我去印度的时候见过尼赫鲁。我有个朋友在印度政府中工作，他是我在牛津时的同学，他请我做一次讲演。突

然尼赫鲁约见我，我们一起谈论俄国和英国的情况。关于这两个国家，尼赫鲁都有很好的见解。他说，他是在英国读中学和读大学的，在那里他过得很愉快，他也很羡慕英国人，可是他还是偏爱俄国，原因在于尽管英国民众生气蓬勃和仁爱至上，但他们对印度往往以恩主自居。俄国人有些粗俗、野蛮，但他们没有高人一等的傲慢，这是很不一样的。 201
最后，尼赫鲁说，俄国人并没有让印度人感到自己是他们的臣属，甚至日本人也没有让印度人有这种感觉。他说："你可以想象我对日本人的态度。他们是军国主义者、帝国主义者、法西斯分子，他们在战争中干了可怕的勾当。可是，当我去日本的时候，我发觉，他们对我像兄弟一样友好，而我对于英国却无法有这样的感觉。"

贾：您跟尼赫鲁谈到甘地吗？

伯：没有。

贾：您认为尼赫鲁是个伟人？

伯：是的，但甘地更伟大，因为他真正缔造了一个国家。尼赫鲁这个伟人让印度人拥有了一个属于他们自己的形象，我认为别的人不可能做到。

贾：您在论述魏茨曼的文章中，说他强烈地反对暴力。

伯：是的，他厌恶暴力，这就是为什么总的来说他反对犹太人在巴勒斯坦使用暴力。

贾：如果魏茨曼今天还在世，情况会怎样呢？

伯：如果他今天还活着，他会失去权力。甚至在他当以色列总统时，他实际上也没有权力。多多少少他的影响被他的继任者剥夺掉了。

贾：您认为魏茨曼反对犹太人使用暴力，但是您在文章中说，当阿拉伯和犹太人的战争爆发时，他问心无愧。

伯：绝对是的。因为他认为当时别无选择了。如果你必须保护自 202
己，如果你的国家处在丧失前途也即丧失自由的危险之中，在这样的情况下，不得不使用暴力，那是正义的。魏茨曼不像甘地，他认为为了自卫而使用暴力是正义的行为。他痛恨恐怖主义,他不是个和平主义者。如果他践履和平主义,他从事的事业就不能成功。但是,他厌恶 1947—1948 年犹太人在巴勒斯坦的暴力行动。

贾: 您自己是和平主义者吗?

伯: 我不是和平主义者。

乔治·索雷尔和伯纳德·拉扎尔

贾: 您认为使用暴力是必不可免的吗?

伯: 不是。而且,无论使用暴力有多么必要,我也深深地憎恶暴力。我告诉过你,第一次俄国革命期间,在大街上我目睹过一个警察被拖着,差不多死了,那给我一种终生难忘的对肉体施暴的本能的憎恶感。可是,人们需要进行战争。我不反对抵抗希特勒的战争。意大利人反抗奥地利人也是对的。

贾: 暴力问题使我想起索雷尔,对这个崇尚暴力的思想家,在思想史上您把他放在什么地位?

伯: 我不赞成索雷尔的观点。我喜欢他是因为他是一个独立和富有创造精神的人,仅此而已。我对他没有什么特殊的好感。

203 **贾:** 您为什么把他看成是无法归类的思想家?

伯: 因为索雷尔是右派思想家,同时又是左派思想家。他既亲列宁又亲墨索里尼。他既拥护战斗教会①又反对教权主义。他既拥护一切又反对一切。他是一个既有些真知灼见又有些无稽之谈的有才华的、令人感兴趣的混合思想家。我不钦佩他,但又被他吸引,因为他是一个奇特的、有独立见解的政治思想家。因此我写过文章论述他。他是法国历史上无政府工团主义的一个无可匹敌的代表人物。而对那个时

① 战斗教会(Church-Militant),指在人间与邪恶战斗的基督教会。——编注

期，我真正钦佩的人则是伯纳德·拉扎尔。你了解拉扎尔的生平。他是一个犹太人，一个无政府主义者，写过攻击犹太人的名著《反犹太主义的起因和历史》。19世纪80年代法国反犹太主义者看到这本书后欢欣鼓舞。后来这些法国人说，有一个诚实的犹太人，他看清了犹太人的缺点。德鲁蒙特，德鲁莱德，当然还有稍后的莫拉，对他都有很高的评价。拉扎尔（他的真名是拉扎尔·伯纳德）是一个哲学上的无政府主义者，他反对一切政府。后来发生德雷福斯事件，他跟这个事件其实没有什么特殊关系。他不认识德雷福斯，也不认识德雷福斯的家人，但是他寻思为什么德雷福斯会进行间谍活动？动机是什么？德雷福斯很富裕，思想保守，骄傲自大，循规蹈矩，很有志气，希望在法国军队中建功立业。什么东西引起这个人行为叛逆，向德国大使馆武官提供秘密？怎么解释呢？这太难以理解了。因此，拉扎尔认定，德雷福斯没有间谍行为。这样，指控他的唯一原因就是他是个犹太人。这归根到底表明法国的犹太人不被看作法国人。他不是法国人，那我也不是法国人。几年前他改了名，就因为旧名字带有更多的犹太色彩。后来，他发表了一封关于德雷福斯事件的耸人听闻的信件攻击法国政府和法国将军，以求被捕。但是他倒没有被捕。我想，因为当局懂得逮捕一个偏执的无政府主义者于事无补。他就这样糊里糊涂地成了一个犹太复国主义 204
者，出席了第二届犹太复国主义者大会。其实，拉扎尔还是一个独来独往的人。在法国孔布和沃尔德克-卢梭新政府驱逐罗马天主教团以阻止他们布道之后，拉扎尔写了一篇慷慨激昂的文章，反对这种错误的做法，力主教长们和罗马教会有权根据他们的信念布道，禁止他们的活动是违背宗教自由的罪行。他死于1903年。我钦佩他，因为在他身上有一种充满豪气的独立性和彻底的诚实。他度过了英勇的、光荣的一生。我赞赏他的勇气和刚直不阿。不久前，布里斯托尔大学一位著名学者写过一本关于他的很有趣的书，读了这本书我才知道他是多么令人钦佩。

贾：您要写一篇关于他的文章吧？

伯：不，因为有内利·威尔逊博士为他写的传记，似乎该说的都说了。

我们谈了很长一段时间了。我想你也没有更多的问题问我了——
205 反正，我能够回答的，大概也就是这么多了。

索 引

（索引项后的数字指原书页码,见本书边码）

编后记

几年前故去的以赛亚·伯林(1909—1997),是当代西方学界享有盛名的思想家和思想史家。在本书中,伯林就他本人的思想、经历和他自己进行的若干思想史专题的研究,做了极为精彩而又深入浅出的阐发。本书对于我们了解当代西方尤其是伯林本人的学术思想状况,无疑有着重要的价值。

广西师范大学杨祯钦教授在身患重症之际,仍然伏案译毕此书,其为人为学之精神令人感佩不已。编者在对译文做了校订润色、编译索引之外,还酌情增写了若干注释,以方便读者对本书内容的理解。此中译本的错误不妥之处,还请广大读者指正。

2001 年 4 月

人文与社会译丛

第一批书目

1.《政治自由主义》(增订版),[美]J. 罗尔斯著,万俊人译　118.00 元
2.《文化的解释》,[美]C. 格尔茨著,韩莉译　89.00 元
3.《技术与时间:1. 爱比米修斯的过失》,[法]B. 斯蒂格勒著,裴程译　62.00 元
4.《依附性积累与不发达》,[德]A. G. 弗兰克著,高铦等译　13.60 元
5.《身处欧美的波兰农民》,[美]F. 兹纳涅茨基、W. I. 托马斯著,张友云译　9.20 元
6.《现代性的后果》,[英]A. 吉登斯著,田禾译　45.00 元
7.《消费文化与后现代主义》,[英]M. 费瑟斯通著,刘精明译　14.20 元
8.《英国工人阶级的形成》(上、下册),[英]E. P. 汤普森著,钱乘旦等译　168.00 元
9.《知识人的社会角色》,[美]F. 兹纳涅茨基著,郏斌祥译　49.00 元

第二批书目

10.《文化生产:媒体与都市艺术》,[美]D. 克兰著,赵国新译　49.00 元
11.《现代社会中的法律》,[美]R. M. 昂格尔著,吴玉章等译　39.00 元
12.《后形而上学思想》,[德]J. 哈贝马斯著,曹卫东等译　58.00 元
13.《自由主义与正义的局限》,[美]M. 桑德尔著,万俊人等译　30.00 元

14.《临床医学的诞生》,[法]M. 福柯著,刘北成译 55.00元
15.《农民的道义经济学》,[美]J. C. 斯科特著,程立显等译 42.00元
16.《俄国思想家》,[英]I. 伯林著,彭淮栋译 35.00元
17.《自我的根源:现代认同的形成》,[加]C. 泰勒著,韩震等译 128.00元
18.《霍布斯的政治哲学》,[美]L. 施特劳斯著,申彤译 49.00元
19.《现代性与大屠杀》,[英]Z. 鲍曼著,杨渝东等译 59.00元

第三批书目

20.《新功能主义及其后》,[美]J. C. 亚历山大著,彭牧等译 15.80元
21.《自由史论》,[英]J. 阿克顿著,胡传胜等译 89.00元
22.《伯林谈话录》,[伊朗]R. 贾汉贝格鲁等著,杨祯钦译 48.00元
23.《阶级斗争》,[法]R. 阿隆著,周以光译 13.50元
24.《正义诸领域:为多元主义与平等一辩》,[美]M. 沃尔泽著,褚松燕等译 24.80元
25.《大萧条的孩子们》,[美]G. H. 埃尔德著,田禾等译 27.30元
26.《黑格尔》,[加]C. 泰勒著,张国清等译 135.00元
27.《反潮流》,[英]I. 伯林著,冯克利译 48.00元
28.《统治阶级》,[意]G. 莫斯卡著,贾鹤鹏译 98.00元
29.《现代性的哲学话语》,[德]J. 哈贝马斯著,曹卫东等译 78.00元

第四批书目

30.《自由论》(修订版),[英]I. 伯林著,胡传胜译 69.00元
31.《保守主义》,[德]K. 曼海姆著,李朝晖、牟建君译 58.00元
32.《科学的反革命》(修订版),[英]F. 哈耶克著,冯克利译 58.00元

33.《实践感》,[法]P. 布迪厄著,蒋梓骅译 75.00 元
34.《风险社会:新的现代性之路》,[德]U. 贝克著,张文杰等译 58.00 元
35.《社会行动的结构》,[美]T. 帕森斯著,彭刚等译 80.00 元
36.《个体的社会》,[德]N. 埃利亚斯著,翟三江、陆兴华译 15.30 元
37.《传统的发明》,[英]E. 霍布斯鲍姆等著,顾杭、庞冠群译 68.00 元
38.《关于马基雅维里的思考》,[美]L. 施特劳斯著,申彤译 78.00 元
39.《追寻美德》,[美]A. 麦金太尔著,宋继杰译 68.00 元

第五批书目

40.《现实感》,[英]I. 伯林著,潘荣荣、林茂译 30.00 元
41.《启蒙的时代》,[英]I. 伯林著,孙尚扬、杨深译 35.00 元
42.《元史学》,[美]H. 怀特著,陈新译 89.00 元
43.《意识形态与现代文化》,[英]J. B. 汤普森著,高铦等译 68.00 元
44.《美国大城市的死与生》,[加]J. 雅各布斯著,金衡山译 78.00 元
45.《社会理论和社会结构》,[美]R. K. 默顿著,唐少杰等译 128.00 元
46.《黑皮肤,白面具》,[法]F. 法农著,万冰译 58.00 元
47.《德国的历史观》,[美]G. 伊格尔斯著,彭刚、顾杭译 58.00 元
48.《全世界受苦的人》,[法]F. 法农著,万冰译 17.80 元
49.《知识分子的鸦片》,[法]R. 阿隆著,吕一民、顾杭译 45.00 元

第六批书目

50.《驯化君主》,[美]H. C. 曼斯菲尔德著,冯克利译 68.00 元
51.《黑格尔导读》,[法]A. 科耶夫著,姜志辉译 98.00 元
52.《象征交换与死亡》,[法]J. 波德里亚著,车槿山译 68.00 元
53.《自由及其背叛》,[英]I. 伯林著,赵国新译 48.00 元

54.《启蒙的三个批评者》,[英]I. 伯林著,马寅卯、郑想译 48.00 元
55.《运动中的力量》,[美]S. 塔罗著,吴庆宏译 23.50 元
56.《斗争的动力》,[美]D. 麦克亚当、S. 塔罗、C. 蒂利著,
李义中等译 31.50 元
57.《善的脆弱性》,[美]M. 纳斯鲍姆著,徐向东、陆萌译 55.00 元
58.《弱者的武器》,[美]J. C. 斯科特著,郑广怀等译 82.00 元
59.《图绘》,[美]S. 弗里德曼著,陈丽译 49.00 元

第七批书目

60.《现代悲剧》,[英]R. 威廉斯著,丁尔苏译 45.00 元
61.《论革命》,[美]H. 阿伦特著,陈周旺译 59.00 元
62.《美国精神的封闭》,[美]A. 布卢姆著,战旭英译,冯克利校 68.00 元
63.《浪漫主义的根源》,[英]I. 伯林著,吕梁等译 49.00 元
64.《扭曲的人性之材》,[英]I. 伯林著,岳秀坤译 22.00 元
65.《民族主义思想与殖民地世界》,[美]P. 查特吉著,
范慕尤、杨曦译 18.00 元
66.《现代性社会学》,[法]D. 马尔图切利著,姜志辉译 32.00 元
67.《社会政治理论的重构》,[美]R. J. 伯恩斯坦著,黄瑞祺译 72.00 元
68.《以色列与启示》,[美]E. 沃格林著,霍伟岸、叶颖译 128.00 元
69.《城邦的世界》,[美]E. 沃格林著,陈周旺译 85.00 元
70.《历史主义的兴起》,[德]F. 梅尼克著,陆月宏译 48.00 元

第八批书目

71.《环境与历史》,[英]W. 贝纳特、P. 科茨著,包茂红译 25.00 元
72.《人类与自然世界》,[英]K. 托马斯著,宋丽丽译 35.00 元

73.《卢梭问题》,[德]E. 卡西勒著,王春华译 39.00 元
74.《男性气概》,[美]H. C. 曼斯菲尔德著,刘玮译 28.00 元
75.《战争与和平的权利》,[美]R. 塔克著,罗炯等译 25.00 元
76.《谁统治美国》,[美]W. 多姆霍夫著,吕鹏、闻翔译 35.00 元
77.《健康与社会》,[法]M. 德吕勒著,王鲲译 35.00 元
78.《读柏拉图》,[德]T. A. 斯勒扎克著,程炜译 68.00 元
79.《苏联的心灵》,[英]I. 伯林著,潘永强、刘北成译 59.00 元
80.《个人印象》,[英]I. 伯林著,林振义、王洁译 35.00 元

第九批书目

81.《技术与时间:2. 迷失方向》,[法]B. 斯蒂格勒著,
赵和平、印螺译 59.00 元
82.《抗争政治》,[美]C. 蒂利、S. 塔罗著,李义中译 28.00 元
83.《亚当·斯密的政治学》,[英]D. 温奇著,褚平译 21.00 元
84.《怀旧的未来》,[美]S. 博伊姆著,杨德友译 85.00 元
85.《妇女在经济发展中的角色》,[丹]E. 博斯拉普著,陈慧平译 30.00 元
86.《风景与认同》,[美]W. J. 达比著,张箭飞、赵红英译 68.00 元
87.《过去与未来之间》,[美]H. 阿伦特著,王寅丽、张立立译 58.00 元
88.《大西洋的跨越》,[美]D. T. 罗杰斯著,吴万伟译 108.00 元
89.《资本主义的新精神》,[法]L. 博尔坦斯基、E. 希亚佩洛著,
高铦译 58.00 元
90.《比较的幽灵》,[美]B. 安德森著,甘会斌译 79.00 元

第十批书目

91.《灾异手记》,[美]E. 科尔伯特著,何恬译 25.00 元

92.《技术与时间:3. 电影的时间与存在之痛的问题》,
[法]B. 斯蒂格勒著,方尔平译　65.00 元
93.《马克思主义与历史学》,[英]S. H. 里格比著,吴英译　78.00 元
94.《学做工》,[英]P. 威利斯著,秘舒、凌旻华译　68.00 元
95.《哲学与治术:1572—1651》,[美]R. 塔克著,韩潮译　45.00 元
96.《认同伦理学》,[美]K. A. 阿皮亚著,张容南译　45.00 元
97.《风景与记忆》,[英]S. 沙玛著,胡淑陈、冯樨译　78.00 元
98.《马基雅维里时刻》,[英]J. G. A. 波考克著,冯克利、傅乾译　108.00 元
99.《未完的对话》,[英]I. 伯林、[波]B. P. -塞古尔斯卡著,
杨德友译　65.00 元
100.《后殖民理性批判》,[印]G. C. 斯皮瓦克著,严蓓雯译　79.00 元

第十一批书目

101.《现代社会想象》,[加]C. 泰勒著,林曼红译　45.00 元
102.《柏拉图与亚里士多德》,[美]E. 沃格林著,刘曙辉译　78.00 元
103.《论个体主义》,[法]L. 迪蒙著,桂裕芳译　30.00 元
104.《根本恶》,[美]R. J. 伯恩斯坦著,王钦、朱康译　78.00 元
105.《这受难的国度》,[美]D. G. 福斯特著,孙宏哲、张聚国译　39.00 元
106.《公民的激情》,[美]S. 克劳斯著,谭安奎译　49.00 元
107.《美国生活中的同化》,[美]M. M. 戈登著,马戎译　58.00 元
108.《风景与权力》,[美]W. J. T. 米切尔著,杨丽、万信琼译　78.00 元
109.《第二人称观点》,[美]S. 达沃尔著,章晟译　69.00 元
110.《性的起源》,[英] F. 达伯霍瓦拉著,杨朗译　85.00 元

第十二批书目

111.《希腊民主的问题》,[法]J. 罗米伊著,高煜译 48.00元
112.《论人权》,[英]J. 格里芬著,徐向东、刘明译 75.00元
113.《柏拉图的伦理学》,[英]T. 埃尔文著,陈玮、刘玮译 118.00元
114.《自由主义与荣誉》,[美]S. 克劳斯著,林垚译 62.00元
115.《法国大革命的文化起源》,[法]R. 夏蒂埃著,洪庆明译 38.00元
116.《对知识的恐惧》,[美]P. 博格西昂著,刘鹏博译 38.00元
117.《修辞术的诞生》,[英]R. 沃迪著,何博超译 48.00元
118.《历史表现中的真理、意义和指称》,[荷]F. 安克斯密特著,周建漳译 58.00元
119.《天下时代》,[美]E. 沃格林著,叶颖译 78.00元
120.《求索秩序》,[美]E. 沃格林著,徐志跃译 48.00元

第十三批书目

121.《美德伦理学》,[新西兰]R. 赫斯特豪斯著,李义天译 68.00元
122.《同情的启蒙》,[美]M. 弗雷泽著,胡靖译 48.00元
123.《图绘暹罗》,[美]T. 威尼差恭著,袁剑译 58.00元
124.《道德的演化》,[新西兰]R. 乔伊斯著,刘鹏博、黄素珍译 65.00元
125.《大屠杀与集体记忆》,[美]P. 诺维克著,王志华译 78.00元
126.《帝国之眼》,[美]M. L. 普拉特著,方杰、方宸译 68.00元
127.《帝国之河》,[美]D. 沃斯特著,侯深译 76.00元
128.《从道德到美德》,[美]M. 斯洛特著,周亮译 58.00元
129.《源自动机的道德》,[美]M. 斯洛特著,韩辰锴译 58.00元
130.《理解海德格尔:范式的转变》,[美]T. 希恩著,邓定译 89.00元

第十四批书目

131.《城邦与灵魂:费拉里〈理想国〉论集》,[美]G. R. F. 费拉里著,刘玮编译 58.00 元
132.《人民主权与德国宪法危机》,[美]P. C. 考威尔著,曹晗蓉、虞维华译 58.00 元
133.《16 和 17 世纪英格兰大众信仰研究》,[英]K. 托马斯著,芮传明、梅剑华译 168.00 元
134.《民族认同》,[英]A. D. 史密斯著,王娟译 55.00 元
135.《世俗主义之乐:我们当下如何生活》,[英]G. 莱文编,赵元译 58.00 元
136.《国王或人民》,[美]R. 本迪克斯著,褚平译(即出)
137.《自由意志、能动性与生命的意义》,[美] D. 佩里布姆著,张可译 68.00 元
138.《自由与多元论:以赛亚·伯林思想研究》,[英]G. 克劳德著,应奇等译 58.00 元
139.《暴力:思无所限》,[美]R. J. 伯恩斯坦著,李元来译 59.00 元
140.《中心与边缘:宏观社会学论集》,[美]E. 希尔斯著,甘会斌、余昕译 88.00 元

第十五批书目

141.《自足的世俗社会》,[美]P. 朱克曼著,杨靖译 58.00 元
142.《历史与记忆》,[英]G. 丘比特著,王晨凤译 59.00 元
143.《媒体、国家与民族》,[英]P. 施莱辛格著,林玮译 68.00 元
144.《道德错误论:历史、批判、辩护》,

[瑞典]J. 奥尔松著，周奕李译　58.00 元

145.《废墟上的未来：联合国教科文组织、世界遗产与和平之梦》，[澳]L. 梅斯克尔著，王丹阳、胡牧译　88.00 元

146.《为历史而战》，[法]L. 费弗尔著，高煜译（即出）

147.《语言动物：人类语言能力概览》，[加]C. 泰勒著，赵清丽译（即出）

148.《我们中的我：承认理论研究》，[德]A. 霍耐特著，张曦、孙逸凡译　62.00 元

149.《人文学科与公共生活》，[美]P. 布鲁克斯编，余婉卉译（即出）

150.《美国生活中的反智主义》，[美]R. 霍夫施塔特著，何博超译　68.00 元

第十六批书目

151.《关怀伦理与移情》，[美]M. 斯洛特著，韩玉胜译　48.00 元

152.《形象与象征》，[罗]M. 伊利亚德著，沈珂译（即出）

153.《艾希曼审判》，[美]D. 利普斯塔特著，刘颖洁译（即出）

154.《现代主义观念论：黑格尔式变奏》，[美]R. B. 皮平著，郭东辉译（即出）

155.《文化绝望的政治：日耳曼意识形态崛起研究》，[美]F. R. 斯特恩著，杨靖译（即出）

156.《作为文化现实的未来：全球现状论集》，[印]A. 阿帕杜拉伊著，周云水、马建福译（即出）

157.《一种思想及其时代：以赛亚·伯林政治思想的发展》，[美]J. L. 彻尼斯著，寿天艺、宋文佳译（即出）

158.《人类的领土性：理论与历史》，[美]R. B. 萨克著，袁剑译（即出）

159.《理想的暴政：多元社会中的正义》，[美]G. 高斯著，范震亚译（即出）
160.《荒原：一部历史》，[美]V. D. 帕尔马著，梅雪芹译（即出）

有关“人文与社会译丛”及本社其他资讯，欢迎点击 www.yilin.com 浏览，对本丛书的意见和建议请反馈至新浪微博@译林人文社科。